개정 유아 인성 교육을 위한

경제 프로젝트 사례

동산밭 어린이집 지음

창지사

머리말

유아기는 경제활동의 사회화가 이루어지는 중요한 시기로, 학습된 소비 가치와 소비 행동이 미래의 성인기까지 영향을 미치고 더 나아가 한 나라의 경제에도 큰 영향을 미치게 되는 결정적 시기이다. 그렇기 때문에 유아의 경제교육은 매우 중요한 것이다. 유아기의 경제적 인지, 태도 및 행동 경험은 전 생애에 걸친 경제적 인지, 태도 및 행동 유형의 형성에 결정적인 영향을 미치므로 유아기에 이루어지는 경제교육에 있어서 유아가 가장 많이 활동하고 있는 유아교육기관과 가정과의 연계교육이 중요한 것이다.

부모의 구매행위는 유아기의 모델로 커다란 영향을 미치는 요인이 되며 그 역할이 점차 증대되고 있기 때문에 유아기부터 건전하고 성숙한 소비, 경제교육의 밀접한 관련성이 부각되고 있다. 부모는 자녀와 가장 밀접한 관계를 맺고 있으므로 유아가 원하는 재화와 용역에 대한 구입을 통제한다든가 혹은 대중매체 광고에 대한 의사소통을 나누는 등 유아의 소비행동과 소비자로서의 기능발달에 중요한 역할을 해주어야 하는 것이다. 그러므로 이 시기 유아들은 경제학의 용어나 그 의미를 제대로 이해하지는 못한다고 하더라도 이러한 성인들의 상업적 거래를 이해하게 되는 것이다. 올바른 경제 개념은 어느 날 갑자기 형성되고 발달되어지는 것이 아니라 유아기 전체에 이루어지므로 유아기의 경제교육은 유아교육기관과 가정과의 연계교육을 바탕으로 체계적으로 계획되어지고 실시될 필요가 있다.

유아의 경제교육의 목표는 경제와 관련된 기초적 지식습득과 이해 및 태도 형성을 하도록 하며, 유아가 알고 있는 사회와 환경에 대해 경제적인 사고방식을 형성

하도록 돕는 데 있고 나아가 자기 확신과 자기 존중감을 증진시키는 데 있다

이는 유아 경제 개념을 주입식으로 가르치기보다는 일상생활 속에서 유아에게 의미 있게 전달되고 유아의 경험 그리고 교사의 풍부한 환경제공이 뒷받침되어 프로그램이 진행되어져야 한다는 것을 의미한다.

이러한 프로그램을 프로젝트 접근법을 활용하여 진행하였을 때 실천적 학습활동과 학습자의 생활능력을 배양하는 데 유용하였고, 올바른 경제개념을 실천하면서 생활에 인성적인 변화가 있음을 볼 수 있었다. 이러한 변화들은 유아의 결정적인 시기에 적합한 활동의 프로그램이 진행되어진 결과라 할 수 있다.

이 프로그램을 진행하는 동안 아이들이 경제에 대한 새로운 습득을 하게 된 것에 감사하고, 부모님들의 적극적인 협조에 감사드리며, 계획에서 마무리까지 프로그램을 위해끊임없는 노력을 해주신 선생님들에게 진심으로 감사드린다.

2010년 9월

동산밭 어린이집 원장 진금옥

차례

Ⅰ. 경제 프로젝트를 시작하며

1 인성교육을 통한 경제 프로젝트의 필요성 및 의미

옛부터 우리 속담에 "3살 버릇 여든까지 간다." 라는 말이 있듯이 유아교육의 경제적 태도, 경제적 가치관은 유아기부터 올바른 경제활동을 할 수 있도록 도움을 주어야 한다. 유아교육의 전인적 목표를 볼 때 전인적 성장을 기초로 하여 일상생활에서 유아가 기본적인 능력과 태도를 습득할 수 있도록 하는 데 목적이 되어 있는 것처럼 유아 경제 교육의 목적은 유아가 일상생활에서 경험하는 다양한 활동들 안에서 올바른 경제활동을 할 수 있도록 안내하는 것이다.

올바른 경제활동을 하기 위해서는 공동체 생활 안에서 내적, 외적 경험을 통하여 가치를 형성하고 올바른 태도가 형성되어져야 하는 것이다.

또한 또래 간의 공동체 안에서 자기조절은 경험을 통하여 자아가 성장되어질 때 가능해지며, 유아는 올바른 태도의 균형을 맞추어가고, 내면적으로는 주의집중능력, 전략, 계획, 주의전환 기술, 사회적 측면의 발달 등의 인지과정이 일어난다.

인성적인 측면에서 자기조절은 성숙단계에서 일어나며 변화에 대하여 수용적이기 때문에 다양한 사회적 상황에서 적응력이 뛰어나고 융통성 있는 방법으로 자신의 행동, 사고, 감정을 다루는 능력이 있다고 한다.

인성 프로젝트를 통한 공동체 학습은 지식을 내면화 하여 행동변화를 자발적으로 일어나게 하는 것이다.

유아들이 선정한 주제를 중심으로 유아들이 느끼고 있는 갈등을 분석하고 갈등을 해결하기 위한 활동을 행함으로써 올바른 가치를 형성하고 그 가치에 따른 행동의 변화가 일어날 수 있도록 진행되어져야 하는 것이다.

경제활동 또한 자기조절을 통하여 경제활동에서 일어나는 많은 요소들의 갈등을 스스로 해결할 수 있도록 하는 것이다.

2 유아 경제교육의 필요성

우리나라 부모들의 특성은 어렸을 때부터 경제교육이 중요하다는 것을 인식하면서도 교육에 대한 열정으로 인하여 인성과 경제교육의 중요성으로부터 뒤로 물러서 있다는 것이다.

많은 학습의 기회가 주어진 유아 혹은 아동들이 학습의 효과는 높게 나타날 수 있겠지만 많은 학습으로 인하여 또 다른 많은 경험의 기회를 놓치게 된다는 사실이 더 중요하다고 보여진다.

현재 전 세계적으로 경제위기에 놓여 있지만 어렵다고만 할 뿐 서민들의 가정에서 어려움은 해결되어지지 않고 있다. 이러한 경제적 위기를 극복하는 방법들 중에 가장 큰 핵심은 "어렸을 때부터 경제교육이 필요하다"는 것이다. 아동들의 필수품 소비구조가 부모의 구매결정권의 영향으로부터 아동 자신의 구매결정권으로 점점 변화되고 있다. 이러한 유아들에게 돈의 개념을 알게 하고, 돈을 합리적으로 사용하고 관리하는 방법을 알려주어야 한다.

우리나라의 전통적인 유아교육에 있어서 돈을 너무 일찍 알면 안 된다는 어른들의 이야기가 있다. 이러한 인식으로 인하여 유아들은 올바른 경제활동을 할 기회가 없었다.

현대에 들어서서 특히 여성의 사회진출이 많아짐으로 인한 저출산, 부모들의 과잉보호 등의 풍토 속에서 경제적 어려움을 이해하지 못하기 때문에 유아들이 돈과 물질의 소중한 가치를 인식하지 못하고 있다는 것이 안타까운 현실이다.

이러한 결과로 성장하면서 심각한 경제문제를 일으키기도 한다. 심각한 경제문제는 무분별한 신용카드의 사용, 금융채무 불이행, 변제능력 없이 다른 사람에게 돈을 빌리는 습관 등이 일으키는 역기능들이다.

이렇게 잘못된 경제개념으로 인하여 정상적인 사회생활로부터 거리가 먼 악순환이 발생하는 것이다.

따라서 지금 우리들이 겪고 있는 이러한 경제위기가 우리 아이들에게 되물림되지 않도록 하려면 유아기에 행해지는 올바른 경제활동 교육이 필요하다. 그리고 세계화, 정보화의 발달과 더불어 빠르고 복잡한 사회변동으로 인한 다양성을 경험하고 현명한 삶을 살도록 하기 위해서는 어려서부터 올바른 경제개념을 이해시키고 바람직한 가치관과 의사결정능력을 키워 주는 것이 필요하다.

3 인성의 의미

다양한 환경 안에서 사회적 기술이 부족하여 친구나 교사들과 만족스러운 관계를 이루지 못할 때 '성격이 문제가 있다' 라고 표현하는 경우가 있다. 또한 개인이 원래 가지고 있는 특성으로서 남들에게 주는 가장 두드러지고 뚜렷한 인상으로, 공격적인 성격, 온순한 성격 등으로 표현될 때 가장 잘 나타나기도 한다. 이러한 의미에서 보면 인성은 독자적으로 가지고 있는 특성을 말하나 이 특성은 개인 내에 홀로 존재하는 것이 아니라 사회 속에서 타인과의 상호작용 속에 존재하는 것임을 알 수 있다. Sullivan은 인성에서의 사회적 상호작용을 매우 중요시하고 있다. Sullivan은 성격을 인간 관계의 장에서 연속적으로 발생하는 다양한 과정의 역동적 중심이라고 보았다(이상로, 이관용 공역, 1984). 따라서 그는 인간관계 상황을 떠나서 성격은 관찰될 수도, 연구될 수도 없다고 주장했다(박영태, 허해옥, 1998).

4 유아의 경제개념

경제개념은 유아에게 "경제활동과 관련된 이해를 증진시켜 줄 수 있다."는 중요성을 갖는다. 만약 경제개념에 대한 이해가 없다면 유아가 실생활과 관련한 경제현상을 바르게 이해할 수 없을 것이며, 생활 속에서의 경제문제를 합리적으로 대처해 나갈 수 없을 것이다. 경제개념은 논리적이고 합리적인 사고를 통해 보다 효율적인 의사결정을 하도록 돕고(Armento, 1991), 직면한 문제 상황에 대해 체계적이고 객관적인 분석을 통해 경제적인 사고방식을 발현할 수 있게 한다(조도근, 1991; 진금옥, 2007).

〈표 1-1〉 유아의 경제개념의 발달

연 령	계산능력	돈에 대한 관심 소비와 저축	개인 소유	정직과 성실성
5세 ~ 7세	• 30까지를 셀 수 있으나 가끔 수를 빼먹음, 손가락으로 더하기, 빼기를 하기도 함. • 10단위로 90 또는 100까지 숫자를 쓰기도 함. • 동전의 종류를 구별할 수 있음. • 10원짜리 동전이 몇 개 모이면 100원이 되는지를 알게 됨. • 색깔, 모양 등 제품의 특성에 따라 분류하기를 좋아함.	• 돈에 관심이 많지는 않으나 돈을 주고 제품을 교환하는 것을 좋아함. • 특정한 것을 구매할 때만 돈의 중요성을 인식함. • 저축개념은 거의 없음. 제품을 사기 전에 선택을 망설임. • 많은 아이들이 이 단계에서 용돈을 받음. • 충동구매가 잦음. • 저축의 개념은 거의 없음.	• 제품의 소유에 지나치게 집착하지 않음. 자기 제품을 자랑스럽게 생각하지만 제대로 관리하는 능력은 부족함. • 자기가 좋아하는 제품을 모으기 시작함. 그러나 관리는 매우 소홀한 편임(심지어 제품을 부수기도 함). 개인 소유의 제품에 욕심을 내기 시작함. • 자랑하거나 나눠주기 위해 자기 소유의 제품을 학교에 가져감. 학교에서 작업한 것을 부모에게 보여주기 위해 집에 가져오기도 함. • 자기 소유의 제품에 대한 관리에 무책임함. • 서투르지만 교환 · 홍정을 시작함. 잡다한 제품을 모으기 시작함.	• 공상이나 과장된 이야기를 함. 그러나 가상과 현실을 구별하기 시작하며 자기가 거짓말을 한다는 것을 알고 있음. • 친구의 제품이 갖고 싶으면 그냥 가져오기도 함. 이전보다 과장과 허구가 감소함. 가상과 사실을 대체로 구별함. • 소유 욕구는 강하지만 주인의 소유권에 관한 개념이 덜 발달하여 남의 것을 훔치는 경우가 있음. 반면 자기 제품을 남에게 잘 주기도 함. 게임 등에서 지기 싫어하고 속임수를 쓰기도 함. 남의 비난을 피하려고 거짓말을 하기도 함.

자료: Estess, P. S. and Barocas, I.(1994), Kid, Money & Values, Betterway Books.

Hansen과 그의 동료들(1997)은 희소성, 기회비용, 화폐가치, 가격, 교환의 개념을 들었으며, NCSS(1994)에서는 사회과에서 다루어지는 열 가지 주제 가운데 기본 개념으로 생산, 분배, 소비를 들고 있다. 그렇다면 유아기에 기본 경제 개념의 습득이 이루어질 수 있을까라는 의문을 가질 수 있는데, 이에 대한 실증적인 연구로는 Kourisky(1977)의 Kinder-Economy라는 프로그램이 있다. 이 프로그램에서 대상이 된 5, 6세의 유아들은 희소성, 의사결정, 생산, 전문화, 분배, 소비, 수요와 공급, 기업 활동 등 9가지의 기본 경제개념에 대해 높은 이해도를 보여 주었다. 또한 공급, 수요, 가격 등을 실제 생활에 적용함으로써 교육 프로그램 참여 후 전체적으로 유아의 경제개념 지식이 증가되었다. 이 연구가 시사하는 바는 유아가 경제개념을 습득하기에 너무 어리다는 견해에 대해 학습이 가능함을 실증적으로 보여 주었다는 점, 경제개념이 성숙요인보다는 교육을 통해 더욱더 효과적으로 습득되었다는 점을 보여 준다는 것이다(진금옥, 2007).

5 경제개념의 교육

개념학습이란 단순히 명칭이나 지식만을 기억하는 것과는 달리 하나의 인지과정으로, 주어진 개념이 가지고 있는 속성을 파악하여 다른 개념과 식별할 수 있고 또 개념을 정의하는 규칙을 자유롭게 움직이는 인지과정을 통해 배우는 역동적인 과정이다. 기초적인 개념학습은 단순한 형태의 지식을 가질 수 있는 수준에서 출발되지만 역동적인 인지과정을 통한 메타인지와 비판적 사고력 등으로 연결될 수 있는 추진력이 형성되고 있다는 점에서 주목해야 할 주요한 학습인 것이다.

유아의 경제교육을 통해 획득되는 경제개념 형성과 발달을 인성과 인지적 측면, 경제 사회화 측면에서 탐구함으로써 경제교육실습의 교육적 유용성과 기초

경제개념을 이해할 수 있다(신동주 외, 1997; Burris, 1983; 진금옥, 2007).

1) 희소성

희소성은 욕망에 비해 이를 충족시켜 줄 수 있는 수단인 자원이 질적인 면이나 양적인 면에서 상대적으로 부족한 상태이다. 경제학에서 희소성으로부터 논의를 시작하는 것은 합리적 선택의 필요성을 논리적으로 이끌어내기 위함이며, 합리적 선택의 기준으로서 기회비용을 정의하고 있다. 따라서 희소성, 기회비용, 합리적 선택은 개념적으로 불가분의 관계에 있다.

우리 전래동화에는 희소성의 문제를 해결해 주는 다양한 도구들이 등장한다. 박(흥부전), 냄비(이상한 냄비), 밥주걱(잉어의 보은), 항아리(이상한 항아리, 이상한 수수께끼), 호리병(꼭두각시와 목도령), 구슬(은혜 갚은 개구리, 여섯 모난 야광주), 바가지(나무장수와 요술바가지) 등이다. 이들은 주인공이 원하는 것을 필요한 만큼 만들어 주기 때문에 욕망을 모두 충족시켜 준다. 즉 희소성의 문제를 해결해 준다.

유아들은 전래동화를 통해서 문제를 해결해 주는 도구를 갖고 싶어 하게 된다. 이는 평소 실생활에서 갖고 싶어 하던 것들을 마음껏 가질 수 있으면 좋겠다는 유아들의 바람 때문이다. 유아들에게 이런 도구를 갖게 되면 무엇을 가장 먼저 갖고 싶은지 순서대로 적어보게 할 수 있다. 이렇게 해봄으로써 희소성의 개념과 함께 희소성이 발생하는 이유를 자연스럽게 깨닫게 될 것이다. 나아가 현실적으로 제약을 해결할 수 있는 방법에 대해서 이야기를 시켜보는 것도 좋을 것이다.

2) 기회비용과 합리적 선택

희소성이 없는 세계에서는 무엇이든지 원하는 것을 가질 수 있지만, 현실에서는 그렇지 못하기 때문에 신중한 선택이 불가피하다. 선택으로 인하여 포기되는 대안이 존재하기 때문에 희소성의 세계에서는 무엇인가를 얻기 위한 선택을 할 때 항상 대가가 따른다. 이 때 포기한 것을 선택했을 때 얻을 수 있는 최고수익을 기회비용이라고 한다.

경제학에서의 합리적 선택이란 최고의 선택을 의미한다. 따라서 한 선택에서 얻은 수익이 기회비용 이상이어야만 합리적 선택이라고 볼 수 있다. 합리적 선택이 이루어지려면 기회비용이 정확하게 파악되어야 한다.

유아들은 정보의 활용능력이 떨어지기 때문에 눈앞의 욕구에 이끌려서 비합리적인 결정을 하기 쉽다. 유아들에게 합리적으로 선택할 수 있는 능력을 길러주기 위해서는 공간적 · 시간적으로 넓은 시야를 갖도록 해주는 것이 중요하다. 기회비용의 개념을 이해시킬 수 있는 전래동화 내용으로는 수익 뒤에는 반드시 대가가 있으니 판단에 고려해야 한다는 이야기(닭 값과 모이 값), 보다 큰 이득을 위해 작은 이득을 포기하는 이야기(장님의 꾀, 인삼과 도라지, 뛰는 놈 위에 나는 놈, 먹여주고 재워주고, 송아지와 바꾼 무, 빨간 부채와 파란 부채), 큰 손실보다는 작은 손실을 선택하는 이야기(노루왕의 의리, 천 냥짜리 거짓말)가 있다.

3) 생산과 소득의 원천

생산은 부가가치를 생산하는 과정이다. 따라서 농사를 짓는 것, 숯을 굽는 것, 그릇을 파는 것, 소금을 파는 것 등이 모두 생산 활동이다.

우리나라 유아들은 부모들이 일을 하고 생활에 필요한 제품을 사기 위하여 수입(돈)을 얻어 온다는 사실을 잘 이해한다. 예를 들어 바자회를 통해서 노동의 대가로 수입을 얻는다는 것은 쉽게 이해할 것이다. 그러나 이 시기에 유아들은 생산에 대한 실질적 사고가 없어 상점 주인이 직접 제품을 만들지 않았는데도 거래차익을 이용하여 수입을 벌고 있다는 것은 대부분 이해하지 못한다. 상업 활동도 직업에 속한다는 사실을 이해시켜야 한다. 사람들이 판매에 나서게 된 동기가 무엇인지 생각해 보도록 함으로써 이해를 촉진시킬 수 있을 것이다.

소득의 근원은 생산 활동이다. '십년보리죽', '벼 낱알 한 개로 논을 산 며느리'와 같은 전래동화처럼 확대재생산을 통해서 부를 축적해 나가는 과정을 묘사하고 있는 이야기도 있다. 이들 이야기에서는 적절하게 투자대상을 찾아서 투자를 하고 성실하게 생산 활동을 하는 과정에서 부가 증식된다는 사실과 경제적으로 잘 살기 위해서는 실용적인 지식과 능력을 갖추고 있어야 한다는 것을 깨닫게 해준다.

4) 소비와 저축

경제학에서의 저축은 소득을 미래와 현재 소비에 적절하게 배분한 결과이며, 미래소비를 위하여 현재소비를 지연시키는 과정이다. 노동과 저축을 연관지어 생각하면, 저축은 노후에 노동을 적게 하고 편안하게 살기 위해서 젊은 시절에 미리 공급한 노동의 대가를 부로 축적해 두는 과정인 것이다. 그러나 어느 사회에서도 전통적으로 소비는 미덕에 해당된다. 생활물자가 풍부하지 못했기 때문이기도 하지만, 가치관 자체에도 차이가 있다.

현대 경제학적 관점에서 보면 자린고비와 같이 맹목적으로 소비를 줄이고 저축하는 행동은 바람직하지 못하다. 더욱이 전래동화의 파리다리에 묻은 간장을 빨아먹기 위해서 충청도에서 수원까지 쫓아간 이야기의 내용(유창근, 1997)도 기회비용을 망각해 버린 비합리적 행위이다. 합리적인 저축은 미래에 쓸 것을 염두에 두고 장기적인 계획을 세워 인내심을 가지고 축적해 나가는 과정이다.

5) 화폐

경제 이론에서 화폐는 교환의 매개수단으로서 거래 빈도와 경제적 효율성을 높이는 중요한 기능을 한다. 여유자산을 보유하기 위한 수단인 가치저장수단 기능도 중요시되나 경제인류학의 연구를 보면, 실제로 화폐의 기능은 이보다 훨씬 다양하다.

먼저 화폐의 취득 경로를 전래동화에서는 일을 해주고 받는 경우(심청전, 잉어의 보은, 이상한 냄비), 제품을 팔아서 번 경우(내복으로 산다, 효자와 호랑이), 남에게 빌린 경우(천 냥 주고 산 아버지, 허생전), 행운으로 얻는 경우(이상한 항아리 은혜 갚은 호랑이), 보답으로 받는 경우(이상한 샘물, 흥부전), 내기에서 이긴 경우(천 냥짜리 거짓말, 원님이 된 어부), 빌려주었다가 받는 경우(저승 빚, 눈 뜬 사람을 속이는 장님), 노잣돈으로 받는 경우(송장치고 부자 된 사람) 등이 있다.

다음으로 화폐의 용도는 제품을 구매하는 경우(효자와 호랑이), 남을 위해 사용하는 경우(여우누이), 내기에 사용하는 경우(원님이 된 어부), 재산을 보관하는 경우(장님의 꾀), 남에게 보답하는 경우(흥부전), 부정한 목적으로 사용되는 경우(돼지가 된 대감), 피해를 보상해 주는 경우(닭 잡은 매) 등이 있다.

유아들도 다양한 경로를 통해 돈을 취득하고 이를 사용한다. 그러나 유아들이 경험하는 돈의 세계는 극히 한정되어 있다. 유아들에게 자신들이 돈을 취득하는 여러 가지 방법과 이것의 용도를 정리해 보도록 함으로써 돈의 기능을 보다 잘 이해시킬 수 있을 것이다.

이미 언급한 것처럼 이론적으로 화폐의 가장 본질적인 기능은 시장에서의 교환을 원활하게 하는 데 있다. 유아들은 한국은행권이나 동전만 화폐라고 생각하기 쉬우나 화폐는 구체적인 형태를 필요로 하지 않는다. 뿐만 아니라 한국 은행권과 달리 옛날의 품앗이, 상품권, 현금화는 안 되지만 마일리지로 적립된 금액, 쿠폰과 같이 특별한 용도나 지역에서만 사용되는 화폐는 이미 일반화되어 있다. 극단적 예로, 수표와 같은 것은 작은 단위의 결제에는 사용되지 않는 제한된 용도의 화폐인 셈이다(Lea et al, 1987).

6) 가격

경제이론에서는 가격이 기본적으로 수요 · 공급 원리에 의하여 결정된다고 설명한다. 유아들도 놀이경제의 경험이나 부모와 시장에서 제품 가격을 흥정하는 과정을 통해서 가격이 어떻게 결정되는지 부분적으로 이해한다.

물론, 가게에서 제품을 구매하는 과정에서는 당연히 정해진 가격을 지불해야 한다고 생각하는 경향이 있다. 그러나 현실에서 가격은 매우 다양한 방법으로 결정된다. 유아들은 사회 전체 현상을 파악할 능력이 부족하기 때문에 수요 · 공급 이론을 끌어다 가격을 설명하기보다는 희소성과 가격을 연결지어 이해시키는 것이 바람직한 것으로 보인다. 반면 물가(지수)나 인플레이션과 같은 평균화된 가격의 변동은 유아들에게는 이해시키기 어려운 개념이다.

7) 규칙과 인내심

무엇을 얻기 위해서 인내심이 필요한 경우가 있다. 해서는 안 되는 일을 하지 않고 참고 기다려서 뭔가를 성취하는 과정은 자본주의 경제에서 매우 중요한 덕목이 아닐 수 없다. 일시적으로 많은 것을 얻으려는 행위는 사리판단을 흐리게 하여 결국 적은 이득을 얻는 데 그치거나 큰 손실을 초래하기도 한다. 인내 끝에 무엇인가를 성취하는 것의 의미를 깨닫게 하는 것은 유아 경제교육에서 꼭 필요하다. 요즘 우리 사회에서 일시에 큰 돈을 벌어보기 위해서 경마, 노름, 주식 등에 손을 댔다가 아예 빚더미 속에 묻혀버린 사람들을 종종 본다. 전통사회에서 뿐만 아니라 현대사회에서도 인내심을 가지고 티끌 모아 태산을 이루는 정신은 권장되어야 한다.

8) 나누는 삶

자신의 손실을 감수하면서까지 남을 위하여 베푸는 이타적인 행위를 경제이론에서는 비합리적이라고 규정하는 것과 대조적이다. 선택기준을 물질적 가치에 두지 않고 효용수준으로 놓는다면 가치관에 따라서는 이타적으로 행동하는 것도 비합리적인 것은 아니다. 물론 반복게임 모형에서는 이타성이나 협력도 이기성에서 비롯된다고 설명한다.

사람들은 항상 기회만 주어지면 자신의 이득만을 높이는 데 최선을 다하는 것인가의 문제를 볼 때 앞서 지적한 것처럼 극대화이론은 자유주의적 개인주의 문화의 산물이다. 그러나 이론의 예측과는 달리 실제 게임 모형을 이용하여 나누어갖기 실험을 실시해 본 결과 분배에는 이기성보다도 윤리성이 더 크게 작용한다는 사실이 밝혀졌다(Thaler, 1992). 나누기는 자본주의체제가 발달한 나라에서도 보편화된 현상이다. 그러므로 유아들에게 경제이론의 인간상을 잘못 교육시킴으로써 우리의 전통적인 가치를 퇴색시키는 경제교육이 되어서는 안된다. 호의적인 기부에 대하여 댓가적인 보상이 이루어질 때 상대방의 기분을 상하게 할 수도 있다는 사실도 이해시켜야 한다.

6 유아 인성과 경제교육의 가치관

유아 경제교육에서 제일 중요한 것은 바른 경제적 가치관을 심어 주는 것이다.

그리고 무엇보다 올바른 경제교육의 가치관은 인간 내면에 있는 품성을 강화해 주는 것이다.

그래서 바람직한 품성은 손상을 입지 않고 반듯하고, 생명력이 있으며 상대방에게 즐거움을 주는 품성이다. 따라서 인성교육을 위한 프로젝트도 이러한 품성을 길러 주도록 구성하는 것이 바람직하다. 이에 따라 인성교육을 위한 프로젝트는 성숙주의, 구성주의, 사랑의 관점을 근본정신으로 하고, 프로젝트접근법 및 가치교육의 방법을 기반으로 하고 있다.

〈표 1-2〉 인성교육을 위한 프로젝트의 이론적 기초

인성교육의 요소	방 법	관련이론
손상을 입지 않은 반듯한 마음	자아실현을 촉진하는 환경의 조성	성숙주의
생명력 있는 마음	스스로 추구하고 발전하도록 유도	구성주의
즐거움을 주는 마음	상대방의 자아실현을 도와주는 행동	사랑
프로그램의 진행	유아중심의 수업모형	프로젝트
	가치관을 확립하는 교육방법	가치교육

1) 성숙주의

인성교육은 손상을 입지 않고 반듯한 마음을 갖게 하는 것이다.

성숙주의자들은 내적 성장 프로그램에 따른 변화를 매우 중요시하고 있다. 손상을 입지 않고 반듯한 마음을 형성하기 위해서는, 즉 유아의 자아실현을 위해서는 성숙주의 이론이 그 바탕이 되어야 할 것이다.

성숙주의적 입장의 핵심은, 인간발달의 가장 중요한 힘은 바로 유아 내부로부터 나오므로 발달에 미치는 환경적 요소의 영향을 최소한 인정하고, 성인의 관점에서 교육과정을 미리 만들어 두는 것보다 아동의 욕구와 흥미에 따라 선정 · 조직되도록 하는 것이 중요하다는 것이다. 이기숙(1992)은 동의하는 교육활동에 관한 일반적인 원리를 다음과 같이 정리하고 있다.

① 유아에게 많은 선택의 기회를 주고 불필요한 성인의 개입을 최소한으로 줄인다.

② 유아는 다양하고 풍부한 자료를 사용한다.

③ 유아가 자신의 발달적 수준에 적합하지 않은 과제를 수행하도록 강요받거나 압력을 받아서는 안된다.

④ 또래끼리 집단을 이루게 한다.

⑤ 유아들의 작업이나 놀이의 결과에 대한 성인들의 수정은 최소한으로 해야 한다.

⑥ 바람직하고 적절한 경험이 아동에게 제공되어져야 한다.

2) 구성주의

인성교육은 생명력이 있는 마음을 길러 주는 것이다. 이는 마음은 정해져 있고 장식적인 것이 아니라 동적이며 항상 변화해야 한다는 것을 말해 주는데, 이러한 생명력 있는 마음을 길러 주기 위해서는 유아의 자발적 행동을 강조하는 아동 중심의 학습이 이루어져야 한다.

이에 유아의 발달은 그들의 능동적인 활동을 통해 이루어진다고 보며, 여기에는 주로 환경과 유아와의 상호작용에 관심을 갖는 구성주의의 관점이 크게 도움을 줄 것이다.

구성주의자들은 발달을 위해 연령보다는 적절한 경험을 필수적인 것으로 강조하고, 인간발달의 근본적인 힘은 유아의 인지 구조에 따른 자발적 행동과 이에 따른 구조의 계속적 변화에 있다고 본다.

3) 사랑

인성교육은 상대방에게 즐거움을 주는 사랑의 마음을 심어 주는 것이다. 여기에서 마음이란 자신만의 독자적인 것이 아니고, 너와 나의 공존을 위해 상호작용적인 것임을 의미하며, 이러한 마음을 길러 주기 위해서는 사랑의 능력을 길러 주어야 한다. 상대방에게 즐거움을 준다는 것은 개인의 욕구를 충족시켜 준다는 것이다. 상대방에게 즐거움을 주기 위해서는 사랑의 마음을 가지는 것이 필수이며, 프랭클(Frankle)에 의하면 사랑은 타인의 모든 유일성과 독자성 안에서 타인인 개인의 경험을 체험하는 것이다.

즉, 상대방에게 즐거움을 주기 위해 상대방을 인정하고, 상대방에게 관심을 가지고, 상대방을 위하여 올바른 판단을 하고 실행하여야 한다. 이 말은 사랑하게 되면 상대방을 피상적으로 이해하는 것이 아니라 있는 그대로 그 사람의 참모습을 이해하게 된다는 것이다.

박영태(1995)는 사랑의 마음을 갖기 위해서 다음의 능력을 갖추는 것이 필요하다고 하였다.

① 상대방을 있는 그대로 인정해 주어야 한다. 이를 통하여 상대방과 친밀감을 갖게 된다.
② 상대방에게 자신의 시간을 투자하여 상대방의 삶에 관심을 기울여야 한다. 이러한 관심을 통하여 상대방의 입장에서 생각을 하게 되고, 상대방을 이해하게 된다.
③ 상대방의 잠재능력을 개발시켜 주는 올바른 방안을 강구하여야 한다. 따라서 올바른 사고 방법을 터득하여야 한다.
④ 상대방을 위하여 행동을 하여야 한다. 이를 통하여 상대방의 잠재능력이 개발되고, 상대방에게 나의 마음을 전할 수 있어야 한다.

7 인성교육 프로젝트와 경제교육

취학 전 유아들은 무언가에 밀접하게 되는 것 혹은 무언가를 사용한다는 관점에서 소유를 생각한다.

이 시기의 유아는 일반적으로 습득된 정보를 통해서 경제 교환 개념을 형성하며, 생산에 대한 실질적 사고가 없고, 상점 운영자 스스로가 물건을 만든다고 생각하는 전 경제적 단계에 있다.

경제 개념에서 가장 기본적인 돈의 사용과 가치를 Berti와 Bambi(1988)가 발달 단계별로 요약해 놓은 것을 도표로 나타내면 다음과 같다.

〈표 1-3〉 유아의 경제 개념 발달

감각운동기(0~2세)	전 조작기(2~6,7세))	구체적 조작기(6,7~10세))
• 동전의 모양과 크기를 관찰한다. • 쇼핑하기, 소비, 구매 활동을 관찰한다.	• 가게 놀이 : 소비와 구매의 초기 개념이 발현된다. • 더 많다, 적다를 센다. • 동전, 지폐를 인식한다. • 구매를 하기 위해서는 돈이 필수임을 안다.	• 9세 이후에 동전을 비교할 수 있고 동전들의 차이를 안다. • 사람들이 돈을 벌기 위해 일한다는 것을 이해한다. • 고용인과 고용주의 명확한 관계를 어느 정도 이해한다.

* 출처 : 이기춘, 1988, 재인용.

유아의 경제적인 개념을 유아 자신의 직접적이고 개인적인 경험을 통해 확장할 수 있으므로, 현장견학 및 역할놀이는 경제적 개념에 대한 유아의 이해를 강화하고 증진시키는 데 효과적이다.

'경제' 라는 주제로 수많은 상황의 예상 활동들을 유아 스스로 탐색하고 탐구하며, 그러는 가운데 경험 속에서 스스로 느끼고 깨달아 '아하! 경제란 이런 원리들이 있는 것이구나' 를 깨닫게 하는 것이 인성교육 프로젝트이다. 즉, 성실히 노력하여 돈을 벌어야 하고, 번 돈은 계획성 있게 사용하여야 하며, 반드시 수입의 일부를 저축해야 하고, 용돈 기입장(가계부)을 기입해 보며, 아껴 모은 돈으로 어려운 이웃도 돕는 기쁨을 경험해 보고, 무엇 때문에 경제 파탄이 생기는가도 탐구해 보며, 다양한 예상 활동들을 실제 실천하며 경험해 보도록 구성되어 있는 교육과정인 것이다.

경제 프로젝트를 진행하는 가운데 날마다 군것질을 입에 달고 있던 유아가 군것질하는 버릇이 어느 날 자기도 모르게 없어지면서 저축을 하기 시작하였고, 용돈 달라고 매일 조르던 유아가 노동을 하여 정당하게 돈을 벌어 저축하는 사례도 있었으며, 프로젝트를 진행하는 가운데 모든 유아가 기쁨을 느꼈고 통장에 돈이 모이는 것을 보며 어엿한 꿈을 갖게 되었다.

이러한 유아의 변화, 즉 스스로 느끼고 깨닫고 경험하며 스스로 변화하며 경제에 대한 확고한 가치관을 형성하게 되는 것이 '경제'를 주제로 한 인성교육 프로젝트이다.

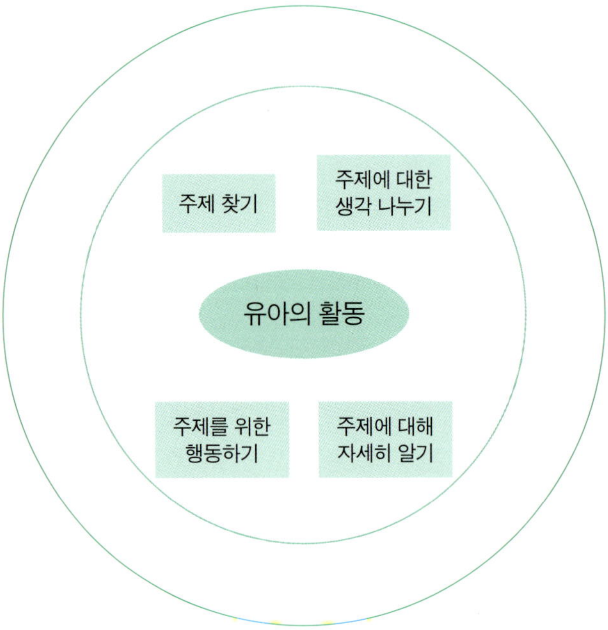

[그림 1-1] 인성교육을 위한 프로젝트 수업의 모형

인성교육의 활동은 우선 크게 유아의 활동과 교사의 활동으로 나뉘어진다. 유아의 구체적 활동으로는 토의하기, 그림 그리기, 감정의 망 그리기, 비디오 보기, 조사 활동, 현장 견학, 모의 학습, 실물 관찰, 역할 놀이 등을 들 수 있다.

교사는 수업을 지도하고 이끄는 역할을 하기보다 유아의 학습 활동을 보조하고 안내하는 역할을 한다. 이때 유아는 무한한 가능성을 가지고 있어 무엇이든지 할 수 있다는 교사의 신념이 필요하다.

또한 프로젝트의 내용을 더욱 구체화하고 풍부화하기 위해서는 필요한 시기마다 교사 간의 사전 협의가 매우 중요하며, 유아의 고운 인성은 결국 사랑의 마음을 가지는 것이므로 교사가 사랑의 행동을 모범으로 보이는 것이 매우 중요해진다.

8 인성교육을 위한 프로젝트 수업 모형

1) 인성교육을 위한 프로젝트 수업의 목적 및 특성

(1) 인성교육을 위한 프로젝트 수업의 목적

이 프로젝트는 바람직한 인성을 기르는 것을 근본 목적으로 한다. 바람직한 인성이란 마음이 손상을 입지 않고 반듯하고, 생명력이 있으며 상대방에게 즐거움을 주는 마음이라고 하였다. 이 마음은 자발적인 자아실현의 결과로서 사랑의 마음의 근본이다. 이 마음속에는 정직성, 도덕성, 예절, 배려, 평화, 협동, 봉사, 인내, 절제, 준법성, 희생 등 그 모든 인성의 아름다운 덕목과 의미들이 모두 다 포괄적으로 포함되어 있다.

타인 존중	희생	존중	타인 배려	절제
관심	이타심	준법성	판단력	타인 이해
예절	책임	올바른 판단력	정직성	사랑
위해주기	배려	발표력	인내	창의력
봉사	탐구력	협동	평화	

[그림 1-2] 인성교육 프로젝트 수업의 목적

[그림 1-2]에서 보면 이 프로젝트 수업의 목적은 일차적으로 사랑의 마음을 심어 주고 이를 바탕으로 다양한 아름다운 성격 특성들을 함양한다는 것이다. 다시 말하면 사랑의 마음을 심어 주면 인성의 아름다운 덕목들은 자연스럽게 표출된다는 것이다. 이는 마치 불덩어리를 만들면 불꽃은 저절로 일어나는 것과 같다.

(2) 인성교육을 위한 프로젝트 수업의 특성

이 프로젝트는 상기 목적을 달성하기 위하여 다음과 같은 두 가지 특성을 가지고 있다.

◆ 행동의 변화는 가치 및 신념의 변화에서

첫째, 유아의 가치 및 신념을 변화시킴으로써 성격의 변화를 유도하고 이에 따른 행동의 변화를 기대하고 있다. 행동변화에서 개인의 신념이 중요함을 강조한 학자로 Ellis를 들 수 있다. Ellis는 사람을 이성적인 동시에 비이성적으로 보았다. 사람이 합리적으로 생각하고 행동할 때 그는 효율적이고 행복하고 능력있게 되나 비합리적이고 비논리적으로 생각하면 비합리적이고 신경질적 행동이 나타난다고 보았다. 그는 사고와 정서는 분리된 몇 개의 기능이 아니라, 정서는 사고를 수반하고 있다고 했다(이관용, 이장호 역, 1982). Ellis의 ABCD이론에 의하면 개인의 행동(C: consequence)이 환경(A: acting events)에 의해서가 아니라 그 환경에 어떤 신념(B: belief system)을 가지고 생각하느냐에 따라 나타난다. 따라서 이러한 행동을 수정하기 위해서는 토의 (D: dispute)가 필요하다.

유아의 행동을 변화시키기 위해서는 신념을 변화시키는 것이 필요함을 알 수 있다. 신념은 인지유목을 형성하는 대상들 사이의 연합적 관계의 형성으로 현실을 해석하고 적응하는 데 필수적인 것이다(정양은, 1982).

신념과 관련하여 가치의 변화도 고려하여야 한다. 가치는 인지유목에 수반되는 정서적인 감정을 표현한다. 이 같은 감정은 긍정적인 것과 부정적인 것의 양면을 가지고 있으며, 또 정도의 차가 있을 수 있다. 어떤 특정유목에 긍정적인 감정을 가지고 있으면 그 유목을 선호하고 접근하려 하고 친교하려 하나, 부정적인 감정은 혐오하고 기피하고 배척하며 심지어는 공격까지 한다. 따라서 가치는 동기적인 역할을 한다(정양은, 1982). 여기서 유아의 성격을 변화시키기 위해서는 신념이나 가치를 변화시키는 것이 필요함을 알 수 있다. 이를 다음의 예를 통해 명확히 알 수 있다. [그림 1-3]은 '상인은 구두쇠' 라는 신념을 '상인은 경제인이다' 라는 신념으로 변화시킴으로써 상인에 대한 태도를 바꾼 것이다. 구두쇠에 대해서는 누구나 나쁘다는 부정적 감정을 가지고 있으나, 경제인이라고 하면 누구나 좋다는 긍정적 감정을 가지고 있다. '가' 의 경우 상인은 구두쇠라는 신념을 가지고 있음으로써 상인은 나쁘다라는 태도를 가지고 있었으나 '나' 의 경우 상인은 경제인이라는 신념을 가지게 됨으로써 자연적으로 상인은 좋다는 태도를 가지게 된다. [그림 1-4]는 구두쇠의 개념을 바꿈으로써 태도를 바꾼 것이다.

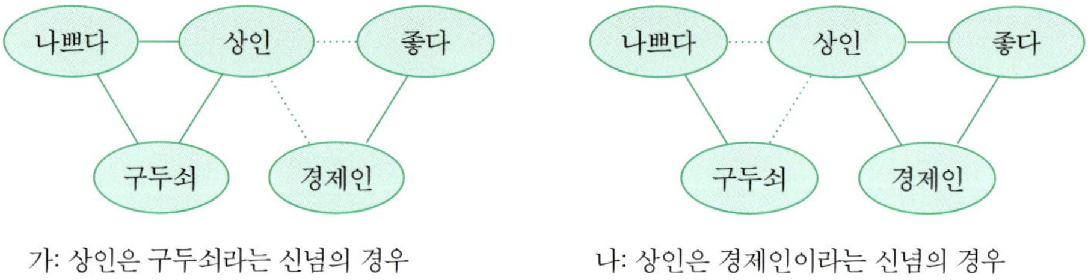

[그림 1-3] 상인에 대한 신념의 변화로 나타나는 변화

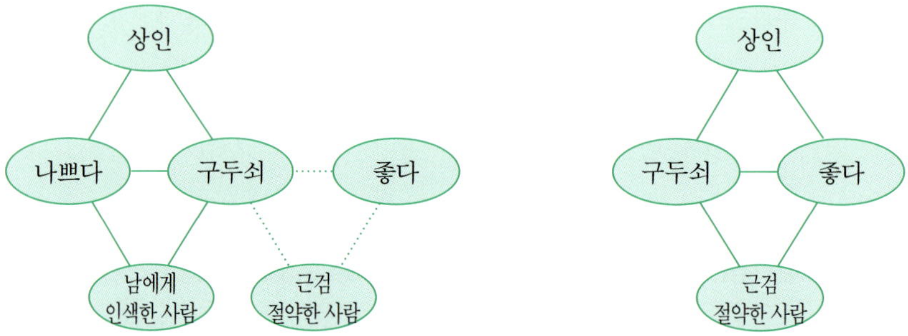

[그림 1-4] 구두쇠에 대한 가치의 변화로 나타나는 변화

◆ 가치와 신념의 변화는 유아의 자발적 행동에서

둘째, 이러한 가치와 신념의 변화는 교사의 지시적 행동을 통해서가 아니라 유아의 자발적 행동을 통해서 이루어진다. 수업은 정해진 교육과정에 따라 진행되는 것이 아니라 학습자의 흥미와 욕구에 따라 학습내용이 선정되는 발현적 교육과정에 따라 진행된다. 이에 따라 유아들은 학습 동기가 보다 더 유발되며 행동의 변화에 보다 만족하게 된다.

◆ 가치와 신념의 변화는 개별 유아의 인지수준에 따라

셋째, 개별 유아의 인지수준에 맞추어 가치와 신념을 변화시킨다. 이를 위해 교사는 토론, 그림 그리기 등의 활동을 통해 개별 유아의 인지수준을 파악하도록 노력하고, 이를 바탕으로 토의 등 수업을 진행한다.

◆ 가치 및 신념을 스스로 변화시키는 노력은 사랑에서

넷째, 유아에게 사랑의 마음을 심어 줌으로써 바람직한 인성 형성에 필요한 가치 및 신념을 스스로 습득할 수 있도록 만들어 준다. 사랑은 상대방의 잠재능력을 변화시켜 주는 것이기에 사랑의 형성은 바로 상대방을 바라보는 자신의 가치와 신념을 바꾸는 촉진제가 된다. 이렇게 볼 때 사랑의 마음은 본 인성교육의 목적이자 수단이기도 하다. 이러한 사랑의 마음을 길러 주기 위한 본 프로젝트의 진행 특성은 다음과 같다.

가. 선택된 주제를 있는 그대로 존중하는 마음을 가지도록 한다.
나. 선택된 주제에 대하여 관심을 가지도록 유도한다.
다. 선택된 주제의 삶(존재)을 위해 무엇을 할 것인가를 판단하도록 한다.
라. 선택된 주제를 위해 행동하도록 한다.

모형의 진행과정과 수업의 과정을 사랑의 기술과 연관시켜 보면 다음과 같다.

본 모형의 과정	수업 과정	사랑의 요소
주제 찾기	학습 목표 설정	존중 친밀감
주제에 대하여 생각나누기	학습자 분석	
주제에 대하여 자세히 알기	수업 실시	열정
주제를 위한 행동하기	성과 분석	의사결정/실행

[그림 1-5] 인성교육 프로젝트와 수업과정, 사랑의 기술과의 관계

Ⅱ. 주제 선정의 배경과 기간 및 교사의 준비

1 주제 선정 배경 및 기간

요즘 우리나라의 경제 상황을 보면 우리 아이들에게도 자라나는 과정 속에서 빠르게 변화하는 경제생활에 잘 적응하고 경제활동을 즐겁고 바르게 할 수 있는 환경이 필요하다.

"세 살 버릇이 여든까지 간다."라는 속담처럼 습관이 형성되는 어린 시절은 일생에서 중요한 순간이 되고 다시는 돌릴 수 없는 시간이다. 아이들에게 경제 프로젝트를 통하여 올바른 경제 습관이 형성되도록 돕고 지속적인 경제 활동을 장려하기 위하여 '경제' 라는 주제로 8개월 동안 프로젝트를 진행하게 되었다.

2 교사의 준비단계

1) 교사 주제망 구성

교사가 구성한 주제망은 다음과 같다.

(1) 화폐가치와 교환

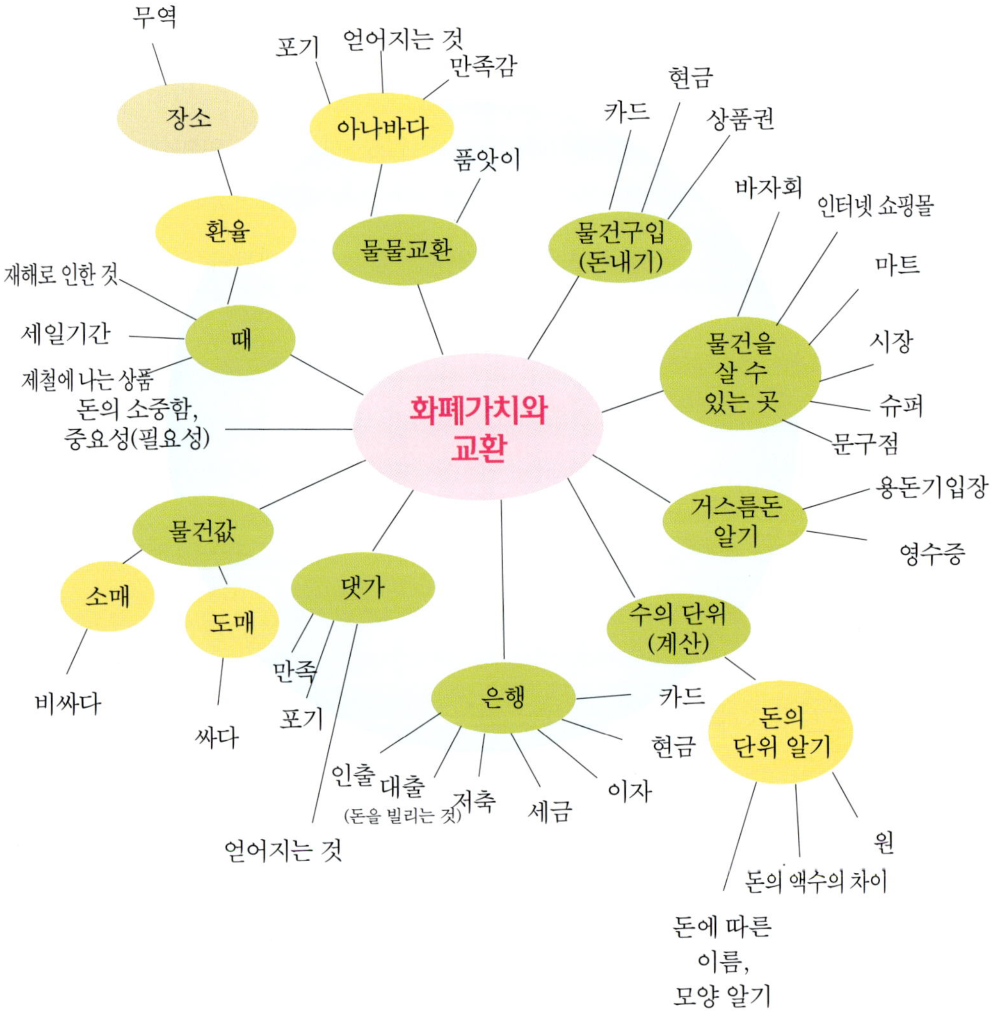
화폐가치와 교환
무역
장소
환율
포기
얻어지는 것
만족감
아나바다
품앗이
물물교환
현금
카드
상품권
물건구입 (돈내기)
바자회
인터넷 쇼핑몰
마트
물건을 살 수 있는 곳
시장
슈퍼
문구점
재해로 인한 것
세일기간
때
제철에 나는 상품
돈의 소중함, 중요성(필요성)
거스름돈 알기
용돈기입장
영수증
물건값
소매
도매
비싸다
싸다
댓가
만족
포기
얻어지는 것
수의 단위 (계산)
은행
카드
현금
인출
대출 (돈을 빌리는 것)
저축
세금
이자
돈의 단위 알기
원
돈의 액수의 차이
돈에 따른 이름, 모양 알기

(2) 기회비용

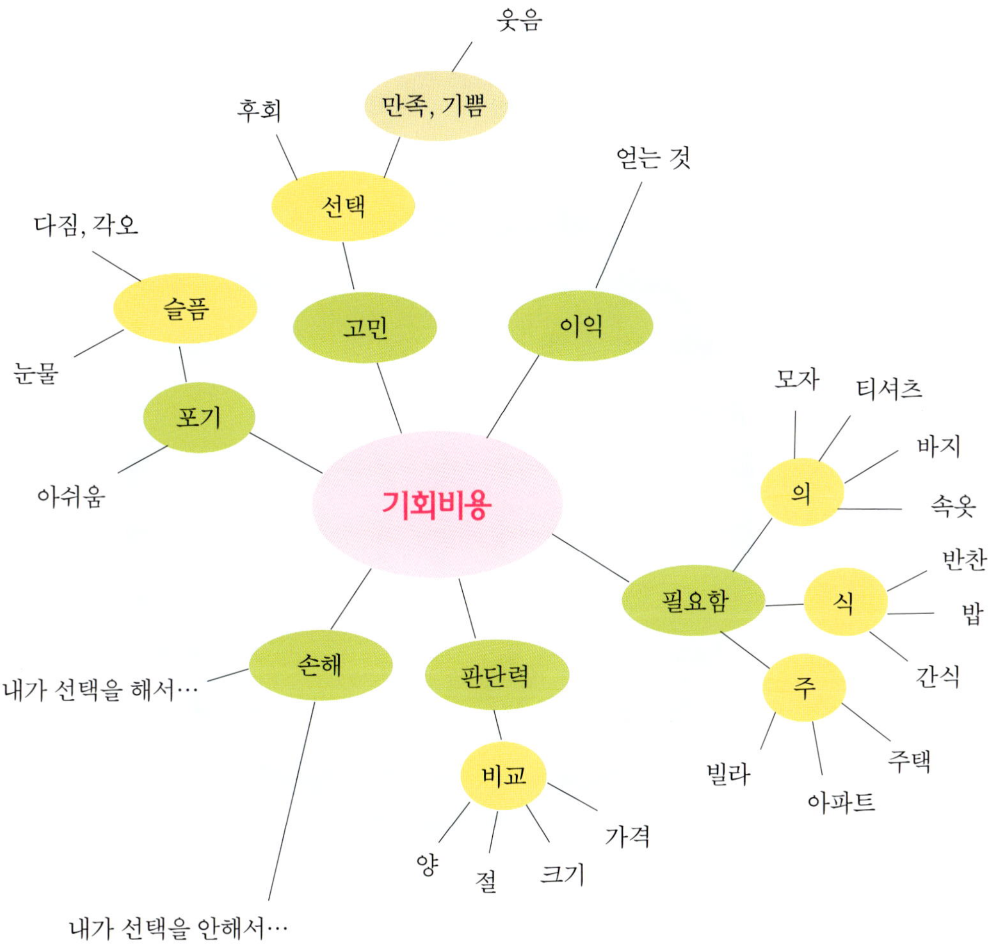
웃음
만족, 기쁨
후회
선택
얻는 것
다짐, 각오
슬픔
고민
이익
눈물
포기
모자
티셔츠
바지
아쉬움
기회비용
의
속옷
반찬
필요함
식
밥
간식
손해
판단력
주
내가 선택을 해서…
주택
빌라
비교
아파트
가격
양
절
크기
내가 선택을 안해서…

(3) 재화와 서비스

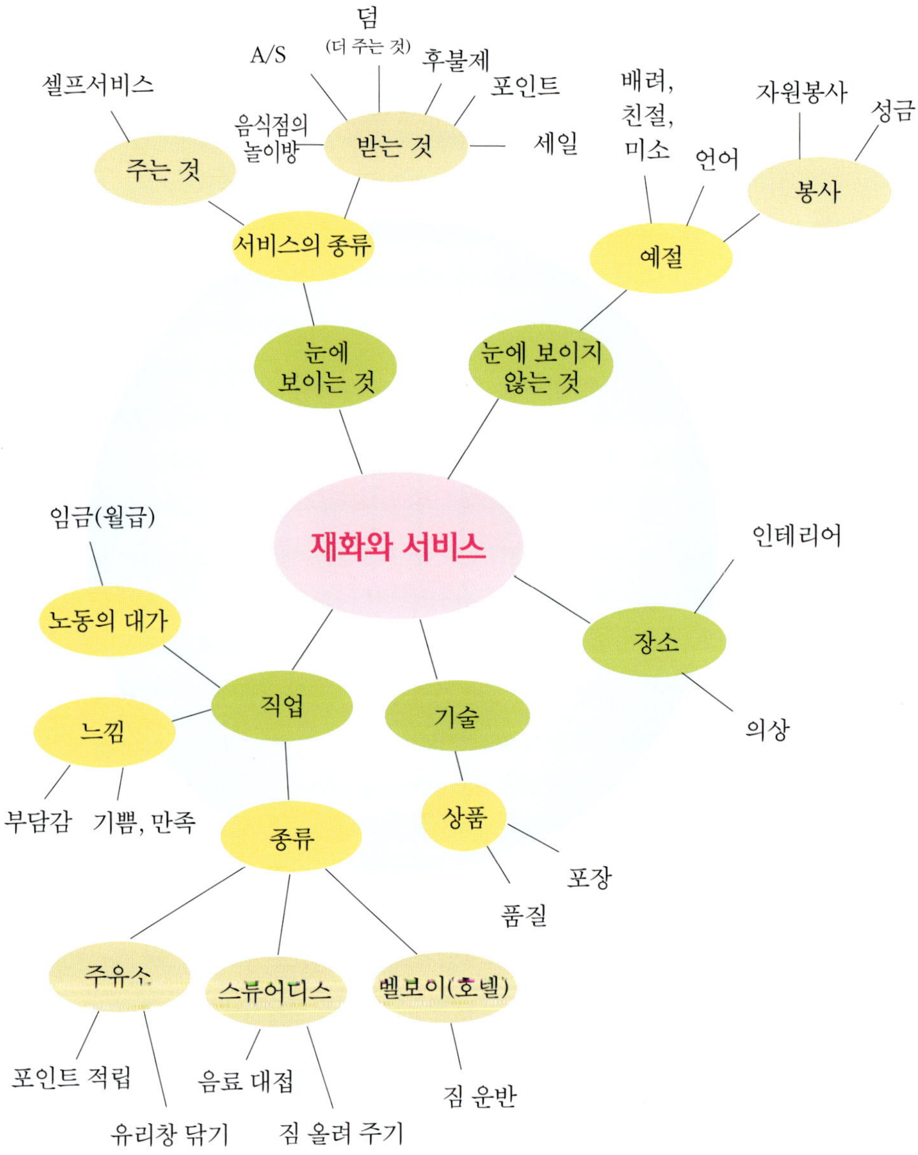
덤
(더 주는 것)
A/S
후불제
포인트
셀프서비스
음식점의 놀이방
받는 것
세일
배려, 친절, 미소
자원봉사
성금
언어
주는 것
봉사
서비스의 종류
예절
눈에 보이는 것
눈에 보이지 않는 것
임금(월급)
재화와 서비스
인테리어
노동의 대가
장소
직업
기술
의상
느낌
부담감
기쁨, 만족
종류
상품
포장
품질
주유소
스튜어디스
벨보이(호텔)
포인트 적립
음료 대접
짐 운반
유리창 닦기
짐 올려 주기

(4) 자원과 생산

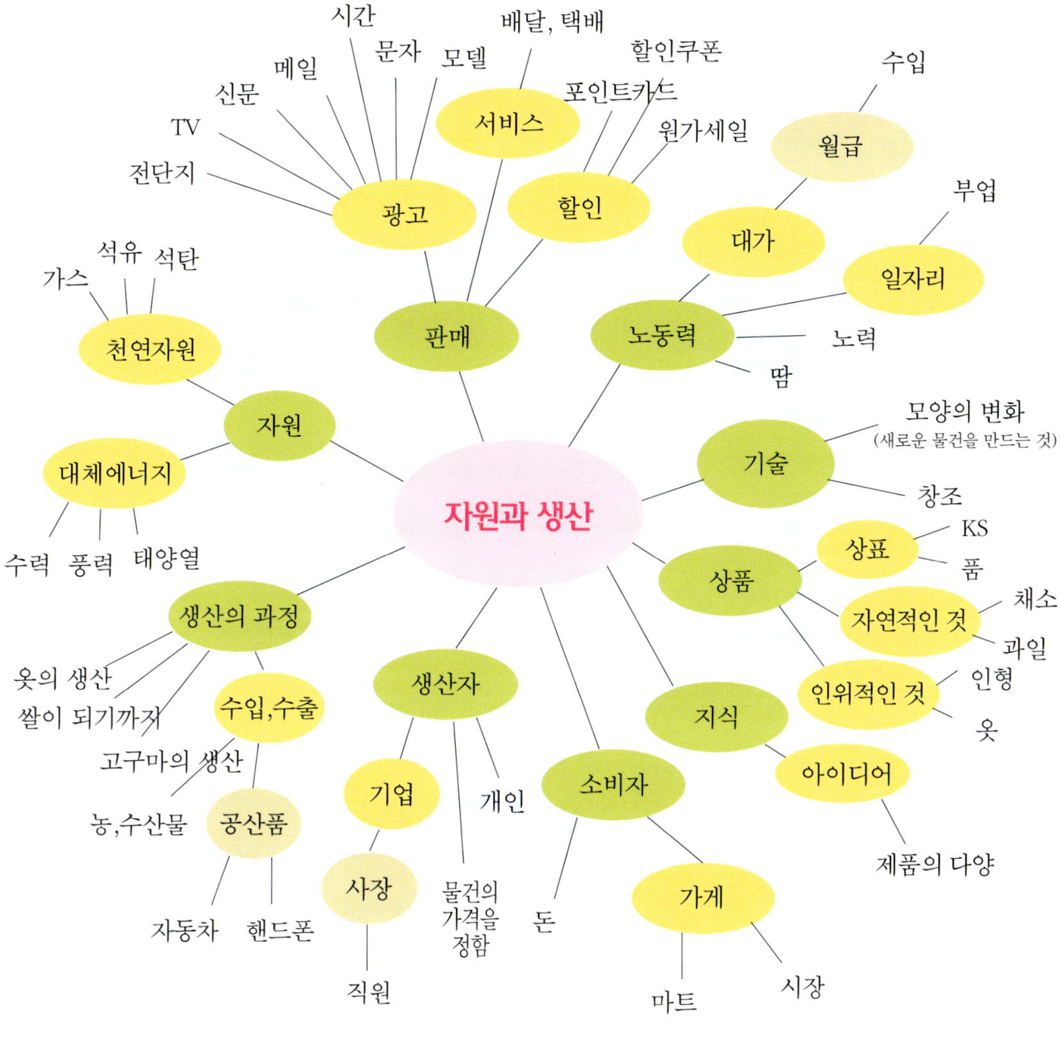
자원과 생산
판매
광고
TV
전단지
신문
메일
시간
문자
모델
서비스
배달, 택배
할인
할인쿠폰
포인트카드
원가세일
노동력
대가
월급
수입
일자리
부업
노력
땀
자원
천연자원
가스
석유
석탄
대체에너지
수력
풍력
태양열
기술
모양의 변화
(새로운 물건을 만드는 것)
창조
상품
상표
KS
품
자연적인 것
채소
과일
인위적인 것
인형
옷
지식
아이디어
제품의 다양
생산의 과정
옷의 생산
쌀이 되기까지
고구마의 생산
수입,수출
농,수산물
공산품
자동차
핸드폰
생산자
기업
사장
직원
개인
물건의 가격을 정함
소비자
돈
가게
마트
시장

(5) 보충과 대안

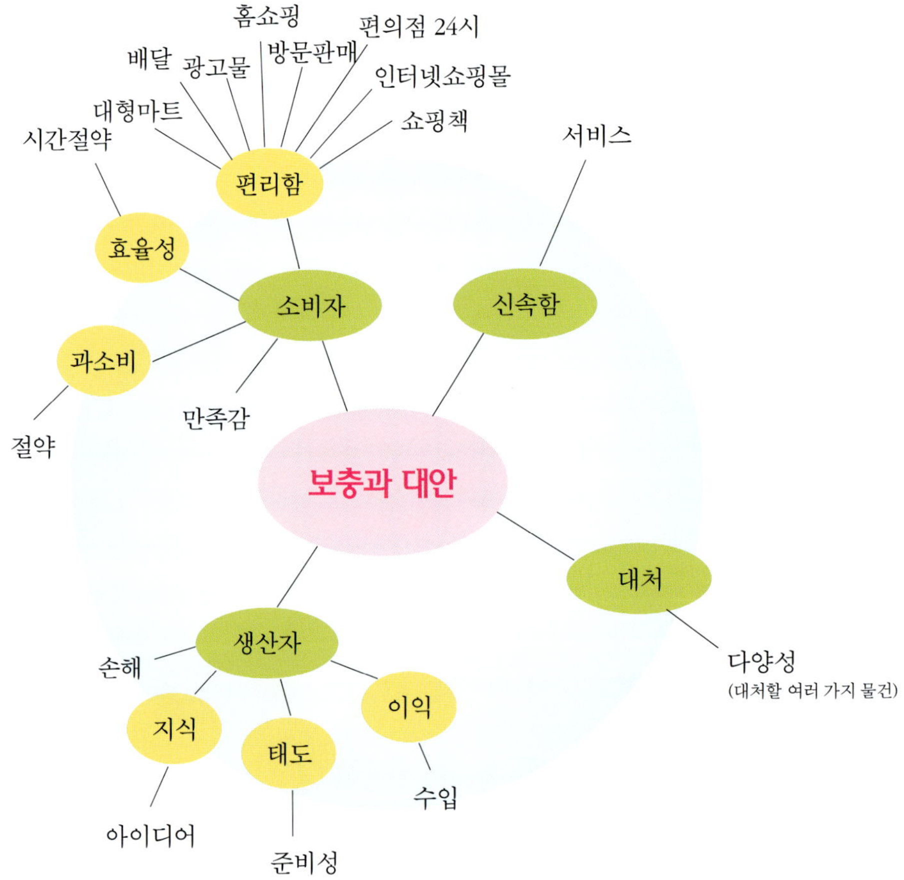
홈쇼핑
편의점 24시
배달
광고물
방문판매
인터넷쇼핑몰
대형마트
쇼핑책
시간절약
서비스
편리함
효율성
소비자
신속함
과소비
만족감
절약
보충과 대안
대처
생산자
다양성
(대처할 여러 가지 물건)
손해
이익
지식
태도
수입
아이디어
준비성

(6) 희소성

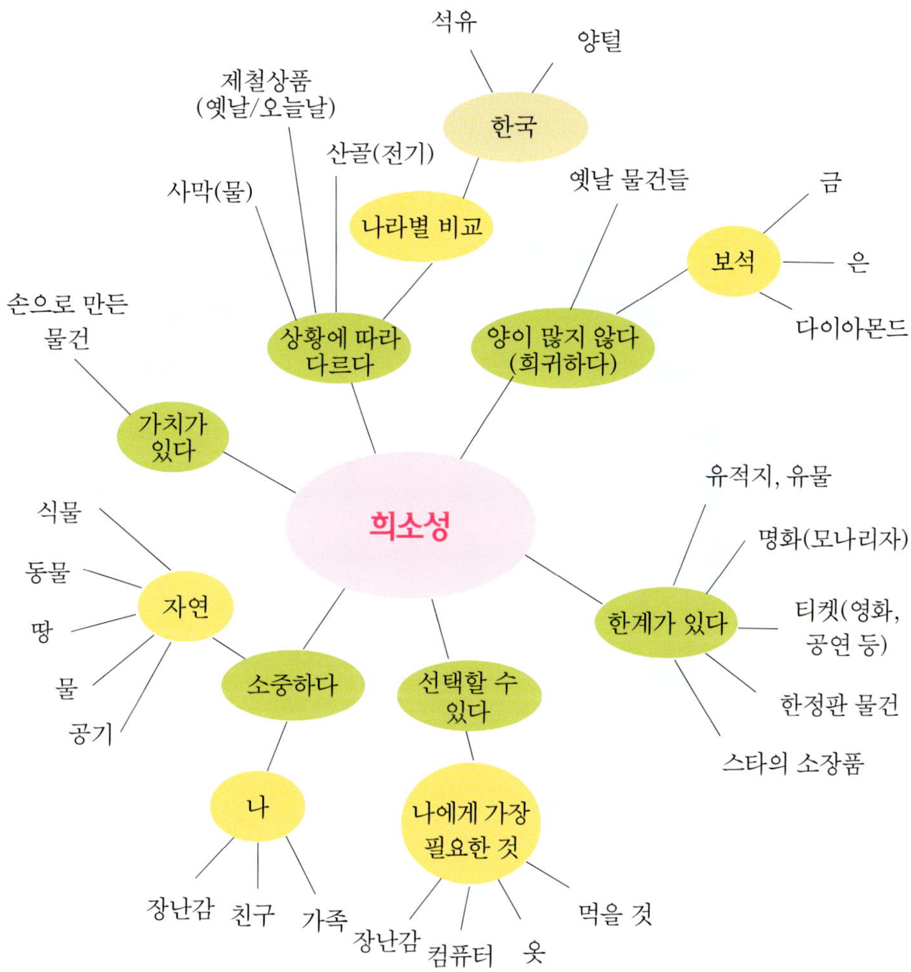
희소성
양이 많지 않다 (희귀하다)
옛날 물건들
보석
금
은
다이아몬드
상황에 따라 다르다
사막(물)
제철상품 (옛날/오늘날)
산골(전기)
나라별 비교
한국
석유
양털
가치가 있다
손으로 만든 물건
소중하다
자연
식물
동물
땅
물
공기
나
장난감
친구
가족
선택할 수 있다
나에게 가장 필요한 것
장난감
컴퓨터
옷
먹을 것
한계가 있다
유적지, 유물
명화(모나리자)
티켓(영화, 공연 등)
한정판 물건
스타의 소장품

2) 기본어휘

(1) 화폐가치와 교환

- 화폐가치 : 화폐가 지니는 구매력. 또는 한 단위의 화폐가 재화 및 용역을 살 수 있는 능력.
- 은행 : 예금의 수입, 유가증권 또는 기타 채무증서의 발행에 의하여 일반대중으로부터 널리 채무를 부담함으로써 획득한 자금을 규칙적 · 조직적으로 대출하는 업무를 영위하는 기업.
- 소매 : 소매는 물건을 생산자나 도매상에게서 사들여 직접 소비자에게 파는 것을 뜻한다.
- 도매 : 도매업자 · 소매업자 · 각종 업무용 구입자에 대한 상품 또는 서비스 판매를 일컫는 용어.
- 아나바다 : '아껴쓰고 나눠쓰고 바꿔쓰고 다시쓰자' 의 줄임말.
- 물물교환 : 화폐 등의 매개 없이 재화와 재화를 직접 교환하는 일.
- 환율 : 환율은 서로 다른 통화의 교환 비율이다.
- 장소 : 거처.
- 무역 : 국민경제 간의 상품 교환.
- 재해 : 이상적인 자연현상 또는 인위적인 사고가 원인이 되어 발생하는 사회적 · 경제적 피해.
- 때 : 날짜, 시간.
- 포기 : 스스로 자신을 학대하고 돌보지 아니한다는 뜻.
- 품앗이 : 농촌에서의 비교적 단순한 협동 노동 형식.
- 카드 : 카드는 보통 두꺼운 종이나 플라스틱으로 되어 있으며, 그 자체에 어떤 정보를 담고 있는 물체이다.
- 현금 : 현금은 일반적으로는 현금통화를 가리킨다.
- 바자회 : 공공사업을 위한 자금을 모으기 위해 시장을 여는 것.
- 교환 : 자기가 필요 이상으로 소유하고 있는 재물을 다른 사람이 소유하고 있

는 재물과 바꾸는 행위.

- 상품권 : 상품과 교환할 수 있는 정해진 액수의 무기명채권.
- 인터넷 쇼핑몰 : 인터넷 상의 상거래 공간.
- 마트 : 마트는 생산자로부터 물품을 대량으로 구매해 판매하는 방식으로 시중가격보다 최소 10%에서 최대 30%까지 낮은 가격으로 판매하는 유통업체를 말한다.
- 시장 : 재화 · 서비스(용역)가 거래되어 가격이 결정되는 장소.
- 슈퍼 : 대한민국에서 슈퍼마켓을 짧게 부르는 말.
- 문구점 : 문방구.
- 물건구입 : 물건을 사는 행위.
- 용돈기입장 : 용돈 쓴 날짜를 적는 곳.
- 영수증 : 민법상에서는 채권자가 채무의 변제를 받은 사실을 증명하기 위하여 채무자에게 써주는 증서.
- 물건 : 유체물 및 전기, 기타 관리할 수 있는 자연력.
- 거스름돈 : 거슬러 주거나 받는 돈.
- 단위 : 어떤 물리량의 크기를 나타낼 때 비교의 기준이 되는 크기이다.
- 액수 : 돈의 머릿수.
- 이자 : 남에게 돈을 빌려 쓴 대가로 치르는 일정한 비율의 돈.
- 대출 : 금융기관에서 외부에 자금을 공급하는 한 형식.
- 세금 : 국가 등의 정부기관이 특정한 목적의 달성 등을 위하여 개개인에게 소득 또는 행위에 대하여 징수하는 것이다.
- 저축 : 소득 중에서 소비로 지출되지 않는 부분 또는 지출하지 않는 과정.
- 인출 : 예금 따위를 찾음.
- 발달 : 심신의 형태와 재능의 상승적인 변화과정이다.
- 부모님 : 아버지, 어머니.
- 실천 : 자연이나 사회에 작용하여 그것들을 변혁시키려고 하는 인간의 의식적 · 능동적 활동.

- 기록 : 일반적으로 사람들이 어떤 경우에 후일의 비망증명을 위하여 써 두는 일.
- 견학 : 실제로 보고 그 일에 관한 구체적인 지식을 넓힘.
- 토의 : 대립된 의견을 통합시키기 위하여 집단 구성원이 각자의 의견을 제시하고, 그 시비를 논의하는 과정.
- 경험 : 인간이 감각이나 내성을 통해서 얻는 것 및 그것을 획득하는 과정.
- 체험 : 개개의 주관 속에서 직접적으로 볼 수 있는 의식내용이나 의식과정.
- 재료 : 물건을 만드는 데 들어가는 감.
- 캠프 : 휴양이나 훈련 따위를 위하여 야외에서 천막을 치고 일시적으로 하는 생활.
- 손님 : 공연이나 전시회 따위를 구경하러 온 사람.
- 주인 : 주인은 어떤 대상에 대하여 책임을 지는 존재이다.
- 역할 : 사회적 지위나 위치에 따라서 개인에게 기대되는 행동을 뜻하는 사회학 용어.
- 구매계획 : 앞으로 구입할 것에 대한 절차, 방법, 규모 따위를 미리 헤아려 작정함.

(2) 기회비용

- 기회비용 : 하나의 재화를 선택했을 때, 그로 인해 포기한 다른 재화의 가치.
- 고민 : 마음속으로 괴로워하고 애를 태움.
- 선택 : 여럿 가운데서 필요한 것을 골라 뽑음.
- 포기 : 하려던 일을 도중에 그만두어 버림. 자기의 권리나 자격, 물건 따위를 내던져 버림.
- 기쁨 : 일반적으로 욕구가 충족되었을 때 느끼는 감정.
- 이익 : 물질적으로나 정신적으로 보탬이 되는 것. 일정 기간의 총수입에서 그것을 위하여 들인 비용을 뺀 차액.
- 다짐 : 이미 한 일이나 앞으로 할 일에 틀림이 없음을 단단히 강조하거나 확인함.

- 각오 : 앞으로 해야 할 일이나 겪을 일에 대한 마음의 준비.
- 의 : 옷.
- 식 : 음식.
- 주 : 사는 곳.
- 간식 : 정해진 식사와 식사 사이 아침 · 점심 · 저녁 이외에 먹는 음식.
- 필요 : 꼭 요구되는 바가 있음.
- 빌라 : 시골의 저택, 별저(別邸), 별장(別莊), 교외 주택을 이르는 말.
- 주택 : 인간을 비 · 바람이나 추위 · 더위와 같은 자연적 피해와 도난 · 파괴와 같은 사회적 침해로부터 보호하기 위한 건물.
- 아파트 : 한 채의 건물 안에 독립된 여러 세대가 살 수 있게 구조한 공동주택.
- 판단력 : 사물을 인식하여 논리나 기준 등에 따라 판정할 수 있는 능력.
- 비교 : 둘 이상의 사물을 견주어 서로 간의 유사점, 차이점, 일반 법칙 따위를 고찰하는 일.
- 선택 : 일반적으로 가장 적당한 것을 골라내는 것.
- 손해 : 물질적으로나 정신적으로 밑짐.

(3) 재화와 서비스

- 재화 : 돈이나 그 밖의 경제적 가치가 있는 물건을 말한다.
- 서비스 : 봉사, 사무, 심부름, 접대 등 다른 사람을 위해 봉사하는 것을 말한다.
- 셀프서비스 : 서비스의 일부를 고객 스스로 하도록 하고, 그에 상당하는 절약 부분만큼 소매 가격을 내려 판매하는 방법.
- A/S : 일정 기간 상품에 대한 수리를 해주는 제도.
- 후불제 : 값이나 삯을 나중에 치르는 제도.
- 세일 : 일정한 값에서 얼마를 덜어 내는 것.
- 덤 : 제 값어치 외에 거저로 조금 더 얹어 주는 일. 또는 그런 물건.
- 직업 : 생계를 유지하기 위하여 자신의 적성과 능력에 따라 일정한 기간 동안 계속하여 종사하는 일.

- 느낌 : 몸의 감각이나 마음으로 느끼는 기운이나 감정.
- 월급 : 일을 한 대가로 달마다 받는 삯.
- 노동 : 사람이 생활에 필요한 물자를 얻기 위하여 육체적 노력이나 정신적 노력을 들이는 행위.
- 벨보이 : 호텔과 같은 곳에서 짐을 운반해 주는 서비스 직업의 한 종류.
- 주유소 : 자동차 따위에 기름을 넣는 곳
- 스튜어디스 : 여객기나 여객선 따위에서 승객을 돌보는 여자 승무원.
- 예절 : 예의에 관한 모든 절차나 질서.
- 배려 : 도와주거나 보살펴 주려고 마음을 씀.
- 친절 : 대하는 태도가 매우 정겹고 고분고분함.
- 미소 : 소리 없이 빙긋이 웃음.
- 언어 : 생각, 느낌 따위를 나타내거나 전달하는 데에 쓰는 음성, 문자 따위의 수단, 또는 그 음성이나 문자 따위의 사회 관습적인 체계.
- 봉사 : 국가나 사회 또는 남을 위하여 자신을 돌보지 아니하고 힘을 바쳐 애씀.
- 성금 : 정성으로 내는 돈. '모은 돈'으로 순화.
- 장소 : 어떤 일이 이루어지거나 일어나는 곳.
- 기술 : 무엇인가를 만들어 내거나 또는 성취하는 방법.
- 상품 : 시장에서 매매되는 재화나 용역을 말한다. 경제주체의 필요에 의해 시장에서 거래될 수 있는 것이라면 유형, 무형을 가리지 않고 상품이라 할 수 있다.
- 포장 : 물품을 수송 · 보관함에 있어서 가치 및 상태를 보호하기 위하여 적절한 재료나 용기 등을 물품에 치장하는 기술 및 상태.
- 품질 : 물건의 좋고 나쁜 바탕이나 성질을 말한다.

(4) 자원과 생산

- 판매 : 상품 따위를 팔아서 상품의 소유권을 이전하는 것을 말한다.
- 광고 : 세상에 널리 알림/ 상품을 널리 선전하는 것을 말한다.

- 기술 : 무엇인가를 만들어 내거나 또는 성취하는 방법.
- 창조 : 이제까지 없었던 것을 새로 만들어 내는 일.
- 상품 : 팔고 사는 물건을 말한다.
- 상표 : 사업자가 자기가 취급하는 상품을 타인의 상품과 식별하기 위하여 상품에 사용하는 표지.
- 지식 : 교육, 학습, 숙련 등을 통해 사람이 재활용할 수 있는 정보와 기술 등을 포괄하는 의미이다.
- 아이디어 : 생각 · 상징 · 이상 · 구상을 뜻하는 말.
- 소비자 : 사업자가 제공하는 상품과 서비스를 소비생활을 위하여 구입하거나 사용하는 사람.
- 돈 : 사물의 가치를 나타내며, 상품의 교환을 매개하고, 재산 축적의 대상으로도 사용하는 물건이며, 화폐라고도 한다.
- 마트 : 생산자로부터 물품을 대량으로 구매해 판매하는 방식으로 시중가격보다 최소 10%에서 최대 30%까지 낮은 가격으로 판매하는 유통업체를 말한다. 할인점이라고 부른다.
- 생산자 : 생활에 직 · 간접으로 필요한 물자나 용역을 만들어 내는 사람.
- 수입 : 외국에서 생산 및 가공된 물품이 자국 세관을 통과하여 들어오는 과정.
- 수출 : 무역활동 중 한 나라 또는 한 지역에서 타국 또는 타지역에 상품을 판매하는 일.
- 공산품 : 공업적인 과정을 거쳐 만들어지는 제품, 수공업 · 기계공업 산품 또는 경공업 · 중공업 제품 등 전반적인 공업 산품.
- 자원 : 인간생활에 도움이 되는 자연계의 일부.
- 천연자원 : 인간의 생활이나 생산 활동에 이용할 수 있는 자연물 · 자연력의 총칭. 대표적인 것으로 가스, 석유, 석탄 등이 있다.

(5) 보충과 대안

- 소비자 : 사업자가 제공하는 상품과 서비스를 소비생활을 위하여 구입하거나 사용하는 사람.
- 효율성 : 기계가 한 일의 양과 거기에 공급된 에너지와의 비, 일의 능력을 말한다.
- 이익 : 보탬이나 도움이 되는 것.
- 대처 : 어떤 정세나 사건에 대하여 알맞은 조치를 취함.

(6) 희소성

- 가치 : 사물이 지니고 있는 쓸모.
- 사막 : 강수량이 적어서 식생이 보이지 않거나 적고, 인간의 활동도 제약되는 지역.
- 석유 : 땅 속에서 천연으로 나는, 탄화수소를 주성분으로 하는 가연성 기름.
- 양털 : 양의 털. 곱슬하고 보온성과 흡습성이 강하며, 모사나 모직물의 원료가 된다.
- 한계 : 사물이나 능력, 책임 따위가 실제 작용할 수 있는 범위. 또는 그런 범위를 나타내는 선.
- 유적지 : 선대의 인류가 후대에 남긴 물건.
- 명화 : 아주 잘 그린 그림, 또는 유명한 그림.
- 한정판 : 부수를 제한하여 발간하는 출판물이나 음반. 독자가 없어 수요가 적은 책이나 음반을 출판할 때에 한다.
- 희귀성 : 드물어서 매우 진귀하다.
- 다이아몬드 : 아주 단단하고 빛깔과 광택이 아름다우며 희귀한 광물.

3) 중심개념

(1) 화폐가치와 교환

- 내가 사고 싶은 물건을 계획해서 직접 구입한다.
- 물건을 살 때 돈을 내고 거스름돈을 받을 수 있다.
- 물건을 사기 위해서 돈의 단위(액수)를 알고 있다.
- 내가 물건을 사기 위해 그 대가로 돈을 지불한다.
- 내가 사려는 물건이 어떻게 나에게까지 왔는지 알 수 있다.
- 은행에서 어떤 일을 하고 우리에게 어떤 도움을 주는지 안다.
- 나에게 값어치가 없는 물건도 필요한 다른 사람과 바꾸면 가치가 생긴다.
- 우리가 필요한 것을 돈으로 살 수 있기 때문에 소중하다는 것을 알 수 있다.
- 같은 물건이라도 서로 가격이 다름을 알고 비교해 볼 수 있다.
- 내가 가진 돈은 한정되어 있지만 여러 가지 물건을 고르고 구입할 수 있다.
- 우리나라 돈을 다른 나라 돈으로 바꿀 수 있다.
- 내가 필요한 것을 어느 곳에서 사느냐에 따라 가격의 차이가 있음을 안다.
- 화폐 대신에 사용하는 대체화폐가 있다(상품권, 카드, 쿠폰 ……).
- 용돈 기입장을 기록하면서 돈을 어디에 사용했는지를 알고 절약할 수 있다.
- 일을 했을 때(심부름, 내가 할 수 있는 일) 돈 대신에 다른 것으로(스티커, 칭찬, 선물) 보상 받을 수 있음을 안다.

(2) 기회비용

- 나에게 꼭 필요한 것은 무엇인지 알고, 왜 그것이 필요한지를 안다.
- 내가 선택한 물건 중에서 왜 그것을 선택했는지와 느낀점에 대해 느껴 본다.
- 그것을 선택했을 때 좋은 점과 나쁜 점에 대하여 알 수 있다.
- 하나를 선택하면 다른 것을 포기해야 한다는 것을 안다.
- 왜 다른 것을 포기했는지에 대하여 이야기할 수 있다.
- 하나의 물건을 선택했을 때 만족감을 느끼거나 또는 후회할 때가 있다.

- 여러 가지 중에서 하나를 선택하려면 신중히 생각해야 한다.
- 선택을 해서 나에게 얻어지는 것이 있다.
- 잘못 선택했을 때 원치 않는 결과를 얻음을 안다.

(3) 재화와 서비스

- 사람들은 돈을 벌기 위해 자기에게 맞는 직업을 선택하여 열심히 일한다.
- 돈은 저절로 생기는 것이 아니라, 자기가 노력한 만큼의 대가를 받는 것이고, 그로 인해 기쁨, 만족을 느낀다.
- 어떻게 서비스를 하느냐에 따라 고객의 만족감이 달라진다.
  (과한 친절 → 부담감을 느낄 수 있다.)
- 기업은 고객의 만족을 위해 다양한 서비스를 제공한다.
- 물건을 구입하고 난 후에도 서비스를 받을 수 있다.
- 우리가 받는 서비스도 있고 주는 서비스도 있다.
- 단순히 돈을 벌기 위한 서비스가 아니라 대가를 바라지 않는 봉사 서비스도 있다.
- 사람은 직업에 따라 하는 일이 다르며, 서비스도 다르다.
- 사람들이 아이디어를 많이 낼수록 그 상품의 질은 높아지고, 고객의 만족감은 높아진다.

(4) 자원과 생산

- 물건이 우리에게 오기까지의 과정을 알 수 있다.
- 가게 주인은 다른 곳에서 생산된 물건이나 직접 만든 물건을 판다.
- 한 가지 자원을 가지고 여러 가지 상품을 생산할 수 있다.
- 생산을 하기 위해서는 노동력이 필요하다.
- 노동력의 대가로 돈을 벌 수 있다.
- 한 가지 자원을 가지고 대량 생산할 수 있다.
- 어떻게 생산하느냐에 따라 모양과 특성이 달라진다.

- 다양한 매체를 통해 생산된 물건을 판매할 수 있다.
- 자연의 도움으로 생산되는 것이 있다.
- 생산을 하는 과정을 통해 얻는 기쁨, 보람이 있다.
- 어떤 것을 어떻게 생산하느냐에 따라 가격의 차이가 남을 알 수 있다.

(5) 보충과 대안

- 한 가게에서 다양한 상품을 팔 수 있다.
- 한 상품을 다 팔면, 다른 상품으로 대체하여 팔 수 있다.
- 판매하는 사람은 대신할 만한 상품을 준비해 놓아야 한다.
- 다양한 대체 물건이 있어서 물건을 사는 사람은 편리하게 상품을 살 수 있다.
- 고객에게는 이익이 되지만, 판매자에게는 손해가 될 수 있다.
- 판매자는 상품을 신속하게 대처하여 이익을 볼 수 있다.
- 상품을 사고 나서 마음에 들지 않으면, 다른 물건으로 바꿔 주어 소비자가 만족할 수 있도록 한다.
- 소비자를 만족하게 하기 위해 판매자는 많은 아이디어를(덤) 제공해야 한다.

(6) 희소성

- 상황에 따라 가치가 다름을 알 수 있다.
- 필요한 사람은 많지만, 사고자 하는 물건의 양이 정해져 있어서 모두가 가질 수는 없다.
- 모든 사람이 가질 수 없기 때문에 가치가 높다.
- 수량이 적으므로 가치가 높아지고 소중하다는 것을 알 수 있다.
- 돈으로 살 수 없는 자연의 소중함을 배운다.
- '나' 자신도 소중함을 안다.
- 장소에 따라 희소가치가 달라진다.
- 우리 문화 유산에 대한 가치를 알 수 있다.

4) 통합 활동 예상안

(1) 화폐가치와 교환

화폐의 가치와 교환

이야기 나누기

- 돈의 사용방법에 대하여 알아보아요.
- 돈이 없었을 때 물물교환하는 모습을 이야기해요. (옛날/오늘날)
- 돈 대신에 사용할 수 있는 것은 무엇이 있는지 이야기나누어요.
- 돈에 대하여 알아보았어요.
- 돈이 만들어지는 과정에 대하여 알아보아요.
- 은행은 무엇을 하는 곳일까요?
- 우리가 할 수 있는 요리 활동에 대하여 이야기를 나누어요.
- 마트에 대하여 궁금한 점이 있어요.
- 시장에 대하여 궁금한 점이 있어요.
- 마트와 시장 비교해보기
- 화폐가치와 교환에 대하여 알아보았어요.

미술

- 돈으로 모양 꾸미기
- 동전지갑 만들기
- 저금통 만들기
- 용돈기입장 만들기
- 통장디자인
- 동전 스크래치
- 나만의 돈 만들기

현장견학

- 새마을 금고 견학
- 마트 견학
- 시장 견학

가정에서 함께 해 보아요

- 용돈기입장을 작성해보아요.
- 은행에 대해서 알아보아요.
- 가족이 자주 가는 은행에 대하여 알아보아요.
- 가족과 함께 시장에서 물건을 구입해 보아요.
- 가족을 위해 할 수 있는 일을 알아보고 실천해봐요.
- 돈을 바르게 사용해요.
- 바닥에 떨어진 동전을 저금통에 저금해요.

동화 · 동시 · 음률

- 동화
  - 잘사는 나라, 못사는 나라
  - 이슬이의 첫 심부름
  - 10원 동전의 한숨
  - 부자가 되고 싶은 알렉산더
  - 시골 쥐와 서울 쥐
  - 부자가 되는 습관
  - 동전 5개로 부자가 된 두리
  - 부자가 되고 싶어요.
  - 지구를 굴리는 곰 이야기
  - 쌀나라 과일나라
  - 돌고 도는 돈
- 동시
  - 요리활동, 마트.
- 새노래
  - 저금통, 시장잔치 우리동네
- 음악 감상:
  - 드보르작의 "멜로디"
  - 엘가의 "위풍당당행진곡"

NIE

- 마트에서 파는 물건 찾기
- 여러 가지 음식을 찾아 식탁 꾸미기
- 여러 가지 물건 찾아 내 방 꾸미기
- 시장에서 파는 물건을 찾아 보고 가격 정하기
- 나만의 가게 꾸미기
- 내가 만들고 싶은 요리 재료를 찾아 꾸미기
- 여러 가지 마트 이름 찾기
- 시장바구니 꾸미기
- 내가 커서 어른이 되었을 때의 모습 꾸미기
- 힘들고 어려워도 감사해요.

자유선택활동

- 일상 : 돈퍼즐, 돈 도미노게임, 돈에 관련된 바느질하기, 동전 앞, 뒤 짝맞추기, 동전 본뜨기, 동전 도장 찍기, 동전 핀 찍기.
- 감각 : 돈단위를 바꿔보아요, 세계 여러 나라 지폐 관찰하기, 지폐 나열하기, 세계 여러 나라 동전 관찰하기, 동전으로 모양 구성하기, 지폐 속 점자 만지기, 비밀주머니(동전).
- 수 : 가게 놀이, 가격만큼 돈 올려놓기, 신용카드 놀이, 저축을 해요, 부르는 금액만큼 돈 올려 놓기, 계산기 사용하기, 돈 교환 게임.
- 언어 : 지시문 읽고 시장 보기, 은행 수수께끼, 같은 글자 올려놓기, 화폐같은 패턴 놓기, 은행마크와 이름 짝맞추기, 돈으로 살 수 있는 것과 살 수 없는 것, 글자 찾기
- 문화 : 돈의 변천사 작은책, 은행 소개 작은책, 우리나라 동전소개 책, 경제용어 작은책 1, 세계 여러 나라 화폐 꼽기, 우리나라 지폐 소개 작은책, 경제용어 작은책 2

요리

- 샌드위치
- 치즈떡볶이 만들기
- 무당벌레 주먹밥
- 까나페
- 영양샐러드 & 바나나우유

과학

- 동전 깨끗이 닦기
- 지폐 관찰하기
- 동전 관찰하기

기본생활습관

- 돈을 소중히 다루어요.
- 은행에서 일하시는 분들에게 인사해요.
- 마트와 시장에서 함부로 물건을 만지지 않아요.

(2) 기회비용

기회비용

이야기 나누기

- 내가 직접 물건을 산 경험에 대하여 이야기 나누기.
- 내가 선택을 잘 했을 때의 경험에 대하여 이야기 나누기.
- 내가 선택을 잘못 했을 때의 경험에 대하여 이야기 나누기.
- 내가 갖고 싶은 것이 있어요.
- 우리 가족이 갖고 싶어 하는 것이 있어요.
- 한 가지만 선택할 수 있어요.(내가 갖고 싶은 것과 가족이 갖고 싶은 것)
- 물건을 잘 사려면 어떻게 해야 할까요?(구매계획)
- 마트 견학.
- 마트에서 내가 산 물건에 대하여 이야기 나누기.
- 다음에 물건을 살 때에는 어떻게 해야 할까?
- 기회비용에 대하여 알아보았어요.

동화 · 동시 · 음률

- 동화
- – 인어공주의 선택
- – 개미와 비둘기
- – 심심해서 그랬어
- – 스파이더맨 이야기
- – 두 마리 토끼는 못 잡아
- – 포기하는 데 비용이 든다고
- 동시
- – 시장, 바다, 수박, 바다, 매미, 생일
- 새 노래
- – 물놀이, 얼음과자, 잉잉잉, 고기잡이, 여름 냇가
- 음악 감상:
- – J.S. 바흐의 "에어"
- – 현을 위한 아디지오
- – 비발디 "사계" 중 "여름"
- – 드뷔시의 "달빛"
- – 조지윈스턴의 "캐논변주곡"
- – 브람스의 "헝가리 무곡"

자유선택활동

- 일상 : 선택해서 상차리기, 옷 갈아입히기, 내 방 꾸미기, 햄버거 만들기, 직조 짜기, 선택해서 요리하기
- 감각 : 물건 선택할 때의 표정(기쁨, 슬픔), 색 혼합, 모양 만들기1, 모양 만들기2(색원기둥으로), 모양 만들기2 부교재(색원기둥으로), 분홍탑과 갈색계단 모양구성
- 수 : 선택해서 물건 사보기 게임, 10만들기, 수선 잇기, 수와 숫자카드 짝 맞추기, 가격에 맞는 물건 고르기, 가격 비교하기
- 언어 : 기회비용 기억력 게임, 기회비용이란 무엇일까요?, 경제용어 단어 만들기, 어떤 것을 선택할까요?, 물건 사는 과정(차례 찾기), 기회비용 글자 찾기
- 문화 : 길 따라가기, 경제 속담, 경제 고사성어, 우리 동네 꾸미기, 바다 꾸미기, 선택해서 여행하기

미술

- 부채 만들기
- 물고기 만들기
- 바다 속 풍경 그리기
- 손가락 그림
- 직조 짜기
- 오리는 꽥꽥

요리

- 우유 팥빙수
- 쌈무말이
- 팥빙수

현장견학

- 마트 견학(홈플러스)

가정에서 함께 해 보아요

- 필요한 물건을 직접 구매해 보아요.
- 물건을 사고 나서 느낀 점을 이야기해요.
- 우리 가족이 산 물건들을 비교해요.
- 물건을 구입할 때 계획을 세워요.

NIE

- 물놀이할 때 필요한 물건 찾기
- 내가 갖고 싶은 물건 찾기
- 바다생물을 찾아서 오려 붙이기
- 바다 속 생물 그려서 꾸미기
- 다양한 언어(한글, 영어, 한자) 찾기
- 내가 산 물건 글자 찾기

과학

- 바코드 알기
- 내가 산 물건 관찰하기 (냄새, 색, 모양…)

기본생활습관

- 마트에서 뛰지 않아요.
- 다른 사람의 물건을 함부로 만지지 않아요.

(3) 재화와 서비스

재화와 서비스

이야기 나누기

- 여러 가지 직업의 종류에 대하여 알기
- 직업에 따라 서비스의 종류가 달라지는 것 알아보기
- 내가 커서 어른이 되면…(직업과 서비스)
- 재화와 서비스에 대하여 알기
- 친구들이 서비스를 받아 본 적 있는지 이야기 나누기
- 재화와 서비스에 대하여 생각 모으기(주제망)
- 눈에 보이는 서비스와 눈에 보이지 않는 서비스 알기
- 내가 우리 가족과 친구들에게 할 수 있는 서비스에 대하여 알기

동화 · 동시 · 음률

- 동화
  - 고양이 목에 누가 방울을 달까요?, 빵가게 아저씨
- 동시
  - 팽이, 기회비용
- 새노래
  - 전화, 그런 집 보았니?
- 음악 감상:
  - 엘가의 "사랑의 인사"
  - 바흐의 "브란덴부르크 협주곡"

자유선택활동

- 일상 : 친구에게 칭찬글 적고 선물 주기, 직업퍼즐, 직업 손가락 인형
- 감각 : 색원기둥으로 글자 만들기, 직업에 맞는 색 올려놓기
- 수 : 직업에 알맞은 물건 사기. 돈으로 살 수 있는 것과 살 수 없는 것, 길 찾기
- 언어 : 직업과 관계있는 것 찾기, 직업 수수께끼, 서비스를 할 때 사용하는 언어
- 문화 : 직업마크 책, 서비스 책

미술

- 간호사 모자, 반사경 만들기
- 수수깡으로 만들기

요리

- 치즈볶음밥
- 과자 만들기

현장견학

- 소방서
- 동사무소
- 은행

가정에서 함께 해 보아요

- 우리 가족을 위해 서비스를 해요.
- 우리를 위해 애쓰시는 분들에게 편지 쓰기
- 가족에게 고마움의 편지 쓰기

NIE

- 우리가 사용하는 제품 찾아 오려 붙이기
- 서비스와 관련된 전화번호 찾기(112, 119)

기본생활습관

- 장난전화를 하지 않아요.
- 우리를 위해 애쓰시는 분들을 만나면 인사해요.
- 감사하는 마음을 가질 수 있어요.

과학

- 소화기의 원리 알기 (물소화기 만들기)
- 반사경과 청진기 소리 알기
- 요리의 원리

(4) 자원과 생산

자원과 생산

이야기 나누기

- 왜 사람들은 돈을 벌까요?
- 소비자와 생산자에 대하여 알아보아요.
- 여러 가지 물건의 생산 과정을 알아보아요.
- 만들어진 물건들은 어떻게 될까요?
- 만들어진 물건을 효율적으로 많이 팔 수 있는 방법에 대하여 알아봐요.
- 한 가지 재료를 가지고 다양한 물건을 만들 수 있어요.
- 우리가 직접 물건을 만들어 보아요.
- 자원과 생산에 대하여 알아보았어요.

동화 · 동시 · 음률

- 동화
  - 채소밭으로 변한 자갈밭
  - 포도와 여우(이솝우화)
  - 망원경 때문에 부자가 된 찡어
- 동시
  - 서비스, 크레파스, 동물
- 새노래
  - 밀과 보리가 자라네,
  - 빵가게아저씨, 가게놀이
- 음악 감상:
  - 고다르의 "자장가"
  - 쇼팽의 "강아지 왈츠"

자유선택활동

- 일상 : 핀찍기(마크상품), 곡물 모자이크, 퍼즐
- 감각 : 생산품과 도형 짝맞추기, 분류하기(촉각), 비밀주머니(같은 생산품 찾기)
- 수 : 지역특산물 사보기, 재활용과 일회용게임, 연속수(자원,생산)
- 언어 : 쌀이 되기까지(차례 찾기), 직업과 생산관계 있는 것, 분류하기(한 재료를 가지고 만들 수 있는 것)
- 문화 : 광고 소개(책), 상품 마크(책), 제주도에 있는 자원

미술

- 냉장고 자석 만들기
- 광고지 만들기
- 화분 만들기
- 목걸이 만들기
- 양초 만들기
- 리스 만들기

요리

- 고기만두

NIE

- 자신이 하고 싶은 가게 찾기
- 한 가지 재료로 만들 수 있는 것 찾기
- 내가 팔고 싶은 상품 찾기

기본생활습관

- 물건을 아껴서 써요.
- 물건을 제자리에 정리해요.
- 물건을 나누어 쓰고 서로 양보해요.
- 화분에 물을 줄 수 있어요.
- 물건을 고를 때는 신중하게 생각해요.

현장견학

- 방앗간
- 마트견학
- 감귤 밭
- 시장
- 삼다수 공장
- 수력 발전소
- 풍력 발전소
- 토마토 농장
- 어린이집 텃밭

과학

- 파바밥 팝콘
- 씨앗 관찰
- 콩나물 기르기

가정에서 함께 해 보아요

- 여러 가지의 야채를 길러 보아요.
- 마트에서 물건을 구입해 보아요.
- 물 아껴쓰기 실천하기

(5) 보충과 대안

보충과 대안

이야기 나누기
- 가게에서는 여러 가지 물건을 팔아요.
- 보충과 대안에 대하여 생각 모으기
- 주제망 그리기
- 왜 여러 가지 물건을 팔까요?
- 내가 하고 싶은 가게가 있어요.
- 가게의 물건을 보충과 대안할 수 있는 것에 대하여 알아보아요.
- 보충과 대안을 하였을 때 좋은 점과 안 좋은 점이 있어요.
- 보충과 대안에 대하여 알아보았어요.

동화 · 동시 · 음률
- 동화
  - 아이디어로 부자가 된다.
  - 밭에 묻힌 금 항아리
- 동시
  - 별, 추석
- 새노래
  - 도토리, 가을길
- 음악 감상:
  - 리스트의 “파우스트 교향곡”
  - 비발디의 “바다의 폭풍”

자유선택활동
- 일상 : 도미노게임, 마트 꾸미기
- 감각 : 기하입체를 나타내는 상품 분류하기, 크레파스로 색판 2 알아보기
- 수 : 대형마트에서 물건 사기, 가게 놀이
- 언어 : 보충할 수 있는 물건 쓰기(부교재), 관계 있는 것 찾기
- 문화 : 시장 소개(작은책), 편의점 소개(작은책)

미술
- 나뭇잎 프로타주
- 모자이크(허수아비)

요리
- 과일와플
- 송편 만들기

현장견학
- 분식점
- 마트 견학

가정에서 함께 해 보아요
- 마트에서 여러 가지 물건을 살펴보아요.
- 집에서 사용하는 물건이나 필요한 물건을 알아보고 어떤 것으로 보충할 수 있는지 이야기 나눠요.

NIE
- 보충과 대안 글자를 찾아보기
- 과일 가게에서 보충 대안 할 수 있는 것 찾아서 꾸미기

기본생활습관
- 물건을 살 때 다른 물건을 만지지 않아요.
- 종이를 아껴 써요.
- 음식을 골고루 먹어요.

과학
- 비밀글씨
- 배고픈 악어

(6) 희소성

이야기 나누기

- 내가 꼭 가지고 싶은 물건이 있어요.
- 그 물건이 나에게 얼마나 가치가 있는지 알아보아요.
- 나에게 가장 소중한 물건은 어떤 것이 있을까요?
- 우리 가족은 어떤 물건을 소중히 생각하고 있을까요?
- 가장 소중한 물건을 잃어버렸다면…….
- 우리 주변에서 돈으로 살 수 있는 것과 없는 것에 대하여 알아봐요.
- 우리 주변에서 희소한 것이 있는지 찾아보고 이야기해요. 나라마다 희소한 것은 어떤 것이 있는지 찾아보아요.
- 여러 나라에서 희소한 것을 어떻게 할까요?(수입과 수출)
- 우리는 희소한 것들을 어떻게 사용해야 할까요?

동화 · 동시 · 음률

- 동화
  - 어느 신부의 다이아몬드반지
  - 황금 알을 낳는 거위
  - 내게 가장 값진 물
  - 내 저금통 깨지 마
- 동시
  - 보석, 희소성, 공기
- 새노래
  - 소중해요, 하늘 물 땅땅 물은 생명
- 음악 감상:
  - 앙드레가뇽 "바다 위의 피아노"
  - 드보르작의 "아메리칸"

자유선택활동

- 일상 : 희소성 퍼즐 맞추기, 나만의 물건 만들어서 선물하기, 명화 퍼즐, 유물/유적지 본뜨기
- 감각 : 크기별로 나열하기, 모양 구성하기, 희소성 글자 탑 쌓기, 다이아몬드 구성하기(큰육각상자)
- 수 : 유적지 여행하기, 수공예품과 기계품 사기, 희소성 있는 물건 사기, 크기 비교하기(부등호)
- 언어 : 수수께끼, 기억력 게임, 희소성 삼행시 짓기, 희소성 기억력 게임
- 문화 : 탄생석 소개, 우리나라의 유적지, 유물 소개, 세계 여러 나라 명화 3단카드

희소성

미술

- 액자 만들기
- 머리핀 만들기
- 휴지 케이스 만들기

요리

- 나만의 김밥 만들기
- 고구마 케이크
- 김장
- 도너츠
- 베이컨 밥말이

현장견학

- 퀸즈 하우스(제주도보석박물관)
- 민속 자연사 박물관
- 국립 자연사 박물관

가정에서 함께 해 보아요

- 각 나라마다 희소한 것에 대해서 알아보아요.
- 희소한 것을 어떻게 사용하지 실천해 본다.
- 희소할수록 가치가 높아지는 것을 인터넷으로 찾아보아요.

NIE

- '희소성'에 관련된 글자를 찾아서 탑 쌓기
- 희소한 것을 찾아 꾸며 보기
- 우리 가족이 소중하게 생각하는 물건 찾기
- 나에게 가치 있다고 생각하는 물건 찾기

기본생활습관

- 물을 아껴서 사용해요.
- 나무를 꺾지 않아요.
- 화장지를 아껴서 사용해요.
- 물건을 소중히 다루고 아껴서 사용해요.

과학

- 거울에 보이는 글자
- 보석 관찰하기
- 수제품과 기계품 비교하기
- 명화 관찰하기
- 종이를 만드는 원리 알기

5) 유치원 교육과정 영역별 학습 내용

(1) 건강생활 영역

① 화폐가치와 교환	② 기회비용	③ 재화와 서비스
④ 자원과 생산	⑤ 보충과 대안	⑥ 희소성

	내용범주	구분	학습내용 [만 5세]
건강생활	나의 몸 인식하기	감각 기관을 활용하기 나의 몸을 인식하고 움직이기	• 여러 가지 감각 능력 기르기 • 우리나라 화폐에 대한 작은 책(그림 자료)보기 • 우리나라 화폐(지폐, 동전) 눈으로 보기 • 우리나라 화폐(지폐, 동전) 만져보기 • 우리나라 화폐(지폐, 동전)숨은 그림 찾기 • 세계 여러 나라 화폐에 대한 작은 책(그림 자료) 보기 • 세계 여러 나라 화폐(지폐, 동전) 눈으로 보기 • 세계 여러 나라 화폐(지폐, 동전) 만져보기 • 세계 여러 나라 화폐(지폐, 동전) 숨은 그림 찾기 • 여러 종류의 은행과 마트, 시장 물건 살펴보기 • 은행, 마트, 시장 다녀오기 • 깨끗한 화폐와 훼손된 화폐 인식하기 • 은행, 마트, 시장 그림 자료 살펴보기 • 동전 소리 듣기
	나의 몸 움직이기	이동하며 움직이기 제자리에서 움직이기 도구 및 놀이시설을 활용하기 바깥에서 신체 활동하기	• 신체조절 하기 • 균형감 기르기 • 은행, 마트, 시장에서 볼 수 있는 것 신체 표현하기 • 은행, 마트, 시장 관련된 그림 핀찍기 • 화폐 스크래치 • 화폐 그림 핀찍기 • 물건 사고 팔기 • 은행에서 저금하기 • 은행, 마트, 시장 다녀오기 • 물건 고르기
	건강하게 생활하기	몸과 주변을 깨끗이 하기 바른 식생활 하기 질병 예방하기 즐겁게 생활하기	• 밖에서 놀고 난 후 몸을 깨끗이 씻기 • 화장실을 다녀온 후 손을 깨끗이 씻기 • 식생활 바르게 하기 • 적당하게 잠자고 휴식하기 • 적극적으로 화폐 가치와 교환 프로젝트 활동에 참여하기 • 상황에 맞게 옷을 바르게 입기 • 건강에 관심 갖고 건강한 생활 실천하기
	안전하게 생활하기	나와 다른 사람의 몸을 소중히 하기 안전하게 놀이하기 교통안전 규칙 지키기 위험한 상황을 알고 대처하기 환경오염이나 재난에 대비하기	• 친구와 위험한 장난치지 않기 • 현장 견학 시 안전 규칙 지키기 • 위험한 물건 만지지 않기 • 마트와 시장 견학 시 필요한 도구 점검하기 • 은행 견학 시 필요한 도구 점검하기 • 위험한 곳에 가지 않기 • 마트와 시장 견학 시 물건 만지지 않기 • 은행 견학 시 물건 만지지 않기 • 위험한 상황에서 함부로 행동하지 않기 • 위험한 상황에서 선생님의 지시에 따라 행동하고 이동하기 • 차 안에서 손을 창 밖으로 내밀지 않기 • 바르게 앉아 있기 • 차가 멈춘 후에 자리에서 일어나기 • 안전벨트 착용하기 • 안전교육의 중요성에 대하여 알기 • 안전교육에 참여하기 • 찻길에서는 도로에 함부로 뛰어들지 않기

(2) 사회생활 영역

1 화폐가치와 교환　2 기회비용　3 재화와 서비스
4 자원과 생산　5 보충과 대안　6 희소성

	내용범주	구분	학습내용 [만 5세]
사회생활	나를 알고 사랑하기	나를 소중하게 여기기 나의 일 스스로 하기 나의 감정 알고 조절하기	• 자신의 작품 소중히 다루기 • 궁금한 점 스스로 찾아보기 • 자신의 생각을 자신 있게 발표하기 • 성정체감 형성하기 • 자신과 다른 사람의 다양한 정서를 인식하고 표현하기 • 자신의 정서를 조절하고 활용하기
	가족과 함께 생활하기	가족과 화목하기 지내기 가족과 협력하기	• 가족의 소중함을 알고 화목하게 지낸다. • 가족과 사이좋게 지낸다. • 내가 가족을 위해 할 수 있는 일을 찾아본다.
	이웃과 더불어 생활하기	예절 바르게 생활하기 다른 사람을 이해하고 존중하기 질서와 규칙 지키기 두레의 소중함을 알고 협력하기	• 예절 바르게 인사하기 • 은행, 마트, 시장 견학 시 조용히 하기 • 은행, 마트, 시장 견학 시 어른들의 이야기에 경청하기 • 친구들과 사이좋게 지내기 • 친구를 도와주고 양보하기 • 화폐에 대한 다른 사람의 의견이나 생각, 정보 공유하기 • 은행, 마트, 시장에 대한 다른 사람의 의견이나 생각, 정보 공유하기 • 공공장소에서 약속 지키기 • 화폐 가치와 교환 프로젝트를 통해 다른 사람과 협동하여 문제를 해결하고, 공동목적 성취하기 • 화폐에 대한 다른 사람의 의견을 존중하기 • 은행, 마트, 시장에 대한 다른 사람의 의견을 존중하기
	사회현상에 관심가지기	주변 지역에 관심 가지기 경제 생활에 관심 가지기 우리나라와 우리나라 전통문화에 관심 가지기 다양한 문화에 관심 가지기	• 화폐 훼손으로 인한 우리나라의 문제점 알아보기 - 화폐 훼손의 원인 알아보기 - 화폐를 깨끗하게 사용하는 방법을 알고 실천하기 • 시장의 축소와 마트의 증가로 인한 우리나라의 문제점 알아보기 - 시장이 점차 줄어들고 마트가 증가하는 원인 알아보기 • 화폐와 경제에 연계성 관심 가지기 - 여러 가지 물건의 가격 알아보기 - 여러 가지 물건의 가격 비교해 보기 • 우리 주변에 있는 은행, 마트, 시장에 관심을 가지고 이해하기 - 마트와 시장 분포 지역 알아보기 • 우리 주변에 있는 은행, 마트, 시장의 종류 알기 세계 여러 나라의 화폐에 관심 갖기 • 저축의 날(10,27)에 대하여 알기 • 세계 여러 나라의 은행에 대하여 알아보기

(3) 표현 생활영역

①화폐가치와 교환 ②기회비용 ③재화와 서비스
④자원과 생산 ⑤보충과 대안 ⑥희소성

	내용범주	구분	학습내용 [만 5세]
표현생활	자연과 생활에서 아름다움 찾아보기	소리, 움직임, 조형물에 관심 가지기	• 화폐의 요소 탐색하기 • 화폐와 관계 있는 것을 가작화로 표현해 보기 • 동전소리 탐색하기 • 화폐의 미술적 요소를 탐색하기 • 저금하는 모습을 탐색하고 관련정보에 관심 갖기 • 은행, 마트, 시장에서 일하는 사람들의 모습을 탐색하고 관심 갖기 • 자연과 주변 환경에서 화폐의 색, 모양, 질감 등 찾아보기
		예술적 요소 찾아보기	
	예술적 표현 즐기기	음악으로 표현하기	• 화폐, 은행, 마트, 시장에 대한 극놀이 표현해 보기 (손님/주인, 손님/은행 직원) • 적극적으로 몸을 움직이기 • 리듬 만들기 • 가사, 박자에 맞게 노래 부르기 • 즐겁게 노래 부르기 • 미술활동에 즐겁게 참여하기 • 여러 가지 미술재료를 이용하여 만들기 - 동전 본뜨기, 동전 핀찍기, 동전 도장 찍기, 동전지갑 만들기, 돈 디자인 하기, 동전 스크래치, 나만의 돈 만들기, 용돈기입장, 나만의 가게 꾸미기, 저금통 만들기, 종이지갑 만들기, 돈으로 모양 꾸미기, 시장바구니 꾸미기 • 통합적으로 화폐와 가치 표현하기
		움직임과 춤으로 표현하기	
		조형 활동으로 표현하기	
		극놀이로 표현하기	
		통합적으로 표현하기	
		창의적인 표현과정 즐기기	
	감상하기	아름다움 느끼기	• 화폐, 은행, 마트, 시장에 대한 극놀이를 감상하고 생각과 느낌 말하기 • 화폐, 은행, 마트, 시장의 모습 그림 자료 감상하기 • 화폐, 은행, 마트, 시장과 관계있는 미술작품 감상하기
		예술적 표현 존중하기	
		우리 전통 예술 감상하기	

(4) 언어 생활영역

① 화폐가치와 교환 ② 기회비용 ③ 재화와 서비스
④ 자원과 생산 ⑤ 보충과 대안 ⑥ 희소성

	내용범주	구분	학습내용 [만 5세]
언어생활	듣기	낱말과 문장 듣고 이해하기 이야기 듣고 이해하기 문학 작품 즐겨 듣기 바른 태도로 듣기	• 화폐, 은행, 마트, 시장에 관련된 어휘 발음 경청하기 • 동전의 소리 듣기 • 은행, 마트, 시장에서 들려오는 소리 듣기 • 화폐(동전, 지폐), 은행, 마트, 시장에 관련된 동요, 동시, 동화 듣기 • 화폐, 은행, 마트, 시장이란 어휘 듣고 뜻 이해하기 • 화폐, 은행, 마트 ,시장에 관련된 동요, 동시, 동화를 듣고 이해하기 • 바른 태도로 듣기 • 화폐의 단위 어휘 듣고 이해하기
	말하기	낱말과 문장으로 말하기 생각과 느낌 말하기 이야기 지어 말하기 바른 태도로 말하기	• 화폐가 만들어지는 과정을 말하기 • 화폐가 우리에게 오기까지의 과정에 대하여 말하기 • 물건이 우리에게 오기까지의 과정에 대하여 말하기 • 은행, 마트, 시장에 대한 이전 경험 말하기 • 돈을 아껴쓰는 방법에 대하여 말하기 • 마트와 시장을 비교해서 말하기 • 지폐와 동전을 비교해서 말하기 • 은행, 시장, 마트의 이름 말하기 • 은행, 시장, 마트의 종류 말하기 • 은행, 마트, 시장에 대하여 궁금한 점 말하기 • 상황에 맞는 언어 사용하기 • 바른 태도로 말하기 • 화폐를 만지고 나서의 느낌 말하기
	읽기	읽기에 관심 가지기 책에 관심 가지기	• 화폐, 은행, 마트, 시장과 관련된 단어, 책, 팸플릿 등 2차적 자원의 글에 관심 갖기 • 화폐, 은행, 마트, 시장의 정보를 알려주는 매체 찾아보기(인터넷, 사전, 책…) • 화폐, 은행, 마트, 시장에 대한 동화, 동시 읽기에 흥미 가지기 • 화폐, 은행, 마트, 시장과 관련된 기사, 정보를 듣고 이해하기 • 화폐, 은행, 마트, 시장과 관련된 그림책에 흥미를 가지고 읽기
	쓰기	쓰기에 관심 가지기 쓰기 도구 사용하기	• 다양한 쓰기 도구 및 매체를 이용하여 화폐, 은행, 마트, 시장에 대한 동시 쓰기 • 화폐, 은행, 마트, 시장이 들어가는 낱말, 문장 쓰기 • 화폐, 은행, 마트, 시장에 대한 편지쓰기 • 화폐, 은행, 마트, 시장에 대한 신문 만들기 • 화폐, 은행, 마트, 시장에 대한 캠페인 구호 쓰기 • 화폐, 은행, 마트, 시장에 대한 여러 가지 경험, 생각, 질문거리, 조사내용을 그림이나 글로 나타내기 • 쓰기 도구의 바른 사용법에 관심 갖기

(5) 탐구 생활영역

① 화폐가치와 교환 ② 기회비용 ③ 재화와 서비스
④ 자원과 생산 ⑤ 보충과 대안 ⑥ 희소성

	내용범주	구분	학습내용 [만 5세]
탐구 생활	탐구하는 태도 기르기	사물과 현상에 지속적인 관심 가지기 탐구 과정 즐기기	• 은행, 마트, 시장에 견학 • 화폐, 은행, 마트, 시장과 관련된 주변 사물 및 환경에 호기심 지속하기 • 화폐, 은행, 마트, 시장과 관련된 도구와 기계 탐색하기 • 우리나라 화폐(동전, 지폐) 관찰하기 • 세계 여러 나라 화폐(동전, 지폐) 관찰하기 • 물건을 고르는 과정 탐색하기 • 물건을 구입하고 계산하는 과정 탐색하기 • 저금하는 과정 탐색하기 • 마트와 시장에서 구입한 재료로 요리활동 하기
	과학적 기초 능력 기르기	물체와 물질에 대해 알아보기 생명체와 자연환경 소중하게 여기기 자연현상에 대해 알아보기 간단한 도구와 기계 활용하기	• 마트와 시장에서 구입한 재료로 요리활동 할 때 음식의 조리과정 알기 • 화폐와 사람들과의 관계 알기 • 화폐의 재질 알기 • 화폐를 돋보기로 관찰하기 • 지폐 속의 숨은그림 찾기 • 화폐, 은행과 관련된 도구와 기계를 관찰하고 용도 알기
	수학적 기초 능력 기르기	수 감각 기르기 공간 및 도형에 대해 알아보기 기초적인 측정해 보기 규칙성 이해하기 자료 정리 및 결과 나타내기	• 동전 모으기 게임 • 신용카드 놀이 • 마트와 시장에서 구입한 재료로 만들 음식을 그래프로 알아보기 • 화폐의 모양 도형과 비교하기 • 동전과 지폐 교환하기(거스름돈 받기) • 동전과 지폐를 같은 금액만큼 교환하기 • 동전의 무게, 양 측정하기 • 화폐, 은행, 마트, 시장에 대한 생각 모으기를 유목화 하기 • 유목화 한 것으로 주제망 구성하기 • 화폐, 은행, 마트, 시장에 대한 자료를 수집하고 분석하기

6) 자원목록 작성 및 준비

(1) 화폐가치와 교환

<table>
<tr><td rowspan="3">1차적 자원</td><td colspan="2">실 물</td><td>• 돈 (만원, 오천원, 천원, 오백원, 백원, 오십원, 십원)
• 돈과 관련된 여러 가지 도구와 기계 - 현금 인출기
• 지갑 - 카드 - 통장 - 용돈기입장
• 영수증, 마트 상품권</td></tr>
<tr><td colspan="2">사 람</td><td>• 은행에 근무하시는 분 • 시장 사람들
• 새마을금고 관계자 • 바자회에 참여하는 사람들
• 마트/오일장에서 일하시는 분</td></tr>
<tr><td colspan="2">현장견학 장소</td><td>• 새마을금고, 마트, 오일장</td></tr>
<tr><td rowspan="7">2차적 자원</td><td rowspan="2">책</td><td>정보를 주는 책</td><td>【세상을 움직이는 돈】
【원리를 잡아라! 사회성이 보인다】
용돈기입장을 잘 활용할 수 있게 도와주는 책
【개미와 베짱이의 경제일기 하나】</td></tr>
<tr><td>동화책</td><td>• 유아 경제동화(명진출판사)
• 부자아빠가 들려주는 금융이야기(미래주니어)
• 황금알을 낳는 돼지 저금통(삼성당)
• 내 저금통 깨지마(디자인하우스)
• 엿 파는 총각(원더랜드)
• 돌밭을 일구는 아이(원더랜드)
• 든든해요(원더랜드)
• 내 친구 현배가 이사간대요(원더랜드)
• 땅콩이 너무 많아요(원더랜드)
• 부자가 되고 싶어요
• 부자가 되고 싶은 알렉산더(지양사)
• 레몬에이드를 팔아라(주니어랜덤)
• 이슬이의 첫 심부름(한림출판사)
• 소원을 들어주는 나무
• 저축하는 습관으로 부자되기</td></tr>
<tr><td rowspan="3">사진/
그림 자료/
음악/
인터넷</td><td>사진 및
그림 자료</td><td>• 돈에 관한 사진 및 그림 자료 • 도매상, 소매상 모습
• 돈이 만들어지는 모습 • 세계 여러 나라 돈의 전체 모습
• 돈을 만드는 사람들 사진 • 돈의 부분별 상세모습
• 바자회, 아나바다하는 모습 • 돈의 단위(달러, 위엔……)
• 물물교환의 모습</td></tr>
<tr><td>음악</td><td>• 화폐와 단위(세계 여러 나라) • 시장 공부
• 시장에 가면 • 가게 놀이 • 나라 꽃
• 부자가 되요.</td></tr>
<tr><td>인터넷</td><td>• http://www.bok.or.kr (한국은행)
• http://www.econoi.co.kr(어린이경제신문)
• http://kids.bokeducation.or.kr(어린이경제마을)
• http://inf.kbstar.com(국민은행 어린이 경제교육)
• http://www.ivitt.com (아이빛연구소)
• http://www.kbs.co.kr/1tv/sisa/soksok(쏙쏙 어린이 경제나라)
• http://www.nts.go.kr(청소년 세금교실)
• http://www.hi.korcham.net(대한상공회의소)
• http://www.connie.co.kr(경제박사코니)
• http://www.teenteen.joins.com(중앙일보 틴틴경제)</td></tr>
<tr><td rowspan="2">비디오/
녹음테이프</td><td>비디오</td><td>• 은행 견학시 촬영한 비디오</td></tr>
<tr><td>녹음테이프</td><td>• 은행 견학시 녹음한 테이프</td></tr>
</table>

(2) 기회비용

<table>
<tr><td rowspan="3">1차적 자원</td><td>실 물</td><td colspan="2">• 마트에서 구입한 물건(색종이, 색연필 등)
• 돈, 영수증, 카드</td></tr>
<tr><td>사 람</td><td colspan="2">• ○○○○ 마트 관계자(물건 판매하는 사람, 계산하는 사람, 물건 운반하고 정리하는 사람)</td></tr>
<tr><td>현장견학 장소</td><td colspan="2">• ○○○○ 마트</td></tr>
<tr><td rowspan="7">2차적 자원</td><td rowspan="2">책</td><td>정보를 주는 책</td><td>경제 관련 정보(기회비용)를 알려 주는 책
【이솝우화로 배우는 경제】
【만화경제보고서】
【유대인들은 왜 부자가 되었나】</td></tr>
<tr><td>동화책</td><td>• 이솝우화로 배우는 경제 - 사자와 산토끼(인북스)
• 금나라 임금님(교육부)
• 기쁨 찾는 금빛 동전(한국어린이육영회)
• 깡돌이의 여행(한국어린이육영회)
• 낡은 침대 이야기(서울특별시교육청)
• 냠냠짭짭 레스토랑(국정교과서주식회사)
• 다같이 걸어갈까(두산동아)
• 멋쟁이가 된 수연이(교육부)
• 민수의 생일잔치(국정교과서주식회사)
• 상아와 운동화(전라남도교육청)
• 소중한 철수의 동화책(교육부)
• 검정우산(한국프뢰벨주식회사)
• 고양이가 맡은 생선가게(서울특별시교육청)
• 고양이와 여우(한국어린이육영회)
• 포기하는 데 비용이 든다고?
• 개미와 비둘기(경제동화)</td></tr>
<tr><td rowspan="3">사진/
그림 자료/
팸플릿/
인터넷</td><td>사진 및
그림 자료</td><td>• 물건을 구입하는 모습
• 돈을 내고 계산하는 모습
• 물건을 구입하지 못해 아쉬워하는 모습
• 물건을 고르고 난 후 뿌듯해 하는 모습</td></tr>
<tr><td>팸플릿</td><td>• 마트의 할인 광고지</td></tr>
<tr><td>인터넷</td><td>• http://100.naver.com(시회비용-네이버백과사전)
• http://www.econoi.co.kr(어린이경제신문)
• http://kids.bokeducation.or.kr(어린이경제마을)
• http://inf.kbstar.com(국민은행 어린이 경제교육)
• http://www.ivitt.com(아이빛연구소)</td></tr>
<tr><td rowspan="2">비디오/
녹음테이프</td><td>비디오</td><td>• 마트에서 촬영한 비디오</td></tr>
<tr><td>녹음테이프</td><td>• 마트에서 아이들의 목소리를 녹음한 테이프</td></tr>
</table>

(3) 재화와 서비스

<table>
<tr><td rowspan="3">1차적 자원</td><td>실 물</td><td colspan="2">• 직업에 맞는 물건(청진기, 주사기, 가위, 가발 등)</td></tr>
<tr><td>사 람</td><td colspan="2">• 자원봉사자
• 의사선생님
• 선생님
• 주유소직원
• 가족</td></tr>
<tr><td>현장견학 장소</td><td colspan="2">• 미용실, 경찰서, 호텔, 은행, 소방서</td></tr>
<tr><td rowspan="8">2차적 자원</td><td rowspan="2">책</td><td>정보를 주는 책</td><td>【경제의 달인】</td></tr>
<tr><td>동화책</td><td>• 꿈나라호는 멋쟁이 기차(경신문화사)
• 나는 무엇이든 될 수 있어요(국정교과서주식회사)
• 냠냠짭짭 레스토랑(국정교과서주식회사)
• 농부와 곰(한국어린이육영회)
• 누가 하나요(한국어린이육영회)
• 달구지를 끌고(비룡소)
• 달님이 준 금화(한국몬테소리)
• 돌부처에게 비단을 판 바보(삼성출판사)
• 동물마을의 목수 아저씨(국정교과서주식회사)
• 모자장수와 원숭이(한국어린이육영회)
• 무엇이 될까?(국민서관)
• 미리 사용해 볼 수 있나요?
• 재화와 서비스
• 왜, 옆집 아빠와 우리 아빠의 월급 차이가 날까요?
• 빵가게 아저씨</td></tr>
<tr><td rowspan="3">사진/
그림 자료/
음악/
인터넷</td><td>사진 및
그림 자료</td><td>• 눈에 보이는 서비스의 모습-호텔직원 벨보이가 손님의 짐을 들어주는 모습, 손님을 보며 해맑게 웃고 있는 모습, 스튜어디스가 손님에게 음료를 대접하고 짐을 올려주는 모습, 자원봉사하는 모습
• 눈에 보이지 않는 서비스 - 자원봉사
• 그림- 품질마크(마크의 종류)</td></tr>
<tr><td>음악</td><td>• 그런 집 보았니?
• 꼬마 불자동차
• 전화
• 부릉 부릉 자동차가 달려요.
• 나는 나는 자라나서</td></tr>
<tr><td>인터넷</td><td>• www.hanacity.com (하나시티)
• http://www.econoi.co.kr(어린이경제신문)
• http://kids.bokeducation.or.kr(어린이경제마을)
• http://inf.kbstar.com/quics?page=s_ftc (국민은행 어린이 경제교육)
• http://www.ivitt.com/ (아이빛연구소)</td></tr>
<tr><td rowspan="2">비디오/
녹음테이프</td><td>비디오</td><td>• 체험 삶의 현장</td></tr>
<tr><td>녹음테이프</td><td>• 아이들의 장래희망 발표를 녹음한 테이프</td></tr>
</table>

(4) 자원과 생산

구분	자원		내용
1차적 자원	실 물		• 가게에서 파는 여러 가지 물건들
	사 람		• 우체국 직원 • 택배 관계자 • 밭에서 일하시는 분 • 소비자 • 생산자
	현장견학 장소		• 시장, 우체국, 마트
2차적 자원	책	정보를 주는 책	【한 발 먼저 알자 알자 생산과 소비】
		동화책	• 상품 마크책-자체 제작 • 광고 소개책 • 달구지를 끌고(비룡소) • 달님이 준 금화(한국몬테소리) • 도서관(시공주니어) • 마즈마섬의 조약돌(한국교육개발원) • 모카왕국 I II(한국교육개발원) • 무역이야기(한국교육개발원) • 밀에서 빵까지(한국교육개발원) • 채소밭으로 변한 자갈밭 • 포도와 여우 • 망원경 때문에 부자가 된 찡어 • 옹고집의 후회 • 장사도 머리를 써야 해 • 쌀나라 과일나라
	사진/그림 자료/음악/인터넷	사진 및 그림 자료	• 여러 가지 물건의 생산과정-(쌀, 옷, 공산품, 고구마) • 상표의 종류 • 한 가지 재료를 가지고 다양한 물건을 만드는 사진 • 상품의 종류 • 배달하는 모습
		음악	• 밀과 보리가 자라네. • 다시 쓸 수 있어요.
		인터넷	• http://kids.mosf.go.kr(어린이, 청소년 경제교실) • http://www.bokeducation.or.kr(한국은행경제교육) • http://www.econoi.co.kr(어린이경제신문) • http://kids.bokeducation.or.kr(어린이경제마을) • http://inf.kbstar.com(국민은행 어린이 경제교육) • http://www.ivitt.com(아이빛연구소)
	비디오/녹음테이프	비디오	• 텔레비전을 통해 광고하는 모습 • 홈쇼핑
		녹음테이프	• 일하시는 분들의 소리를 녹음한 테이프

(5) 보충과 대안

<table>
<tr><td rowspan="3">1차적 자원</td><td>실 물</td><td colspan="2">• 가게마다 파는 여러 가지 물건</td></tr>
<tr><td>사 람</td><td colspan="2">• 마트, 시장 관계자, 가게를 운영하는 사람</td></tr>
<tr><td>현장견학 장소</td><td colspan="2">• 대형마트, 편의점, 시장, 여러 종류의 가게</td></tr>
<tr><td rowspan="8">2차적 자원</td><td rowspan="2">책</td><td>정보를 주는 책</td><td>【소비자 행동론】
【생태도시 아바나의 탄생】</td></tr>
<tr><td>동화책</td><td>• 편의점 소개책(자체 제작)
• 꼬마돼지의 엄마 찾기(원더랜드)
• 할아버지 농장의 생일파티(원더랜드)
• 호두까기 인형 무도회(상동)
• 색깔 솜사탕(원더랜드)
• 별요정은 무엇을 좋아할까(원더랜드)
• 하마 마을 꾸울꺽 감독님(원더랜드)
• 아이디어로 부자가 된다
• 밭에 묻힌 금항아리</td></tr>
<tr><td rowspan="3">사진/
그림 자료/
팸플렛/
인터넷</td><td>사진 및
그림 자료</td><td>• 광고물-가게를 홍보하는 전단지
• 우리가 물건을 구입하는 편리한 곳</td></tr>
<tr><td>팸플렛</td><td>• 마트, 편의점 등에서 파는 물건 소개 팸플렛</td></tr>
<tr><td>인터넷</td><td>• http://www.econoi.co.kr(어린이경제신문)
• http://kids.bokeducation.or.kr(어린이경제마을)
• http://inf.kbstar.com(국민은행 어린이 경제교육)
• http://www.ivitt.com(아이빛연구소)</td></tr>
<tr><td rowspan="2">비디오/
녹음테이프</td><td>비디오</td><td>• 편의점을 찍은 비디오</td></tr>
<tr><td>녹음테이프</td><td>• 가게에서 일하시는 분들의 보충과 대안하는 방법 녹음테이프</td></tr>
</table>

(6) 희소성

1차적 자원	실 물		• 유물, 유적지 • 보석 • 옛날과 오늘날의 물건
	사 람		• 미술관 관계자 • 박물관 관계자
	현장견학 장소		• 기당 미술관, 현대 미술관, 이중섭 미술관, 제주 아트랜드, 퀸즈하우스, 국립제주 박물관, 제주 민속촌박물관, 민속 자연사 박물관
2차적 자원	책	정보를 주는 책	【손에 잡히는 사회교과서】 【펠릭스는 돈을 사랑해】 【만화경제교과서】
		동화책	• 검정우산(한국프뢰벨 주식회사) • 고양이와 여우(한국어린이육영회) • 개구리밥 사세요(원더랜드) • 설날 아침에는 세뱃돈을 받아요(원더래드) • 파란리본(원더랜드) • 아라와 산타할아버지(원더랜드) • 다시 태어나고 싶어(원더랜드) • 모두가 함께 하면 행복해져요(원더랜드) • 가로등 할아버지(원더랜드) • 황금 알을 낳는 거위 • 어느 신부의 다이아몬드 반지 • 내게 가장 값진 물 • 왜 게임기보다 다이아몬드가 훨씬 비쌀까요?
	사진/그림 자료/음악/인터넷	사진 및 그림 자료	• 보석의 종류와 모습 • 상황에 따른 희소한 것(물, 제철 상품, 전기, 석유, 양털) • 세계 여러 나라 명화의 종류 • 자연의 모습(동물, 식물, 땅) • 유적지, 유물의 모습 • 돈으로 살 수 있는 것/없는 것 • 옛날 물건 모습 • 나라마다 희소한 것
		음악	• 우리 지구 • 소개하기 • 뜨거운 여름 • 강물을 살려요.
		인터넷	• http://jeju.museum.go.kr (국립 제주 박물관) • http://www.jejufolk.com/html/index.aspx (제주 민속촌 박물관) • http://museum.jeju.go.kr(민속 자연사 박물관) • http://jmoa.jeju.go.kr(도립 미술관) • http://jslee.seogwipo.go.kr(이중섭 미술관) • http://www.gidang.or.kr(서귀포 기당미술관)
	비디오/녹음테이프	비디오	• 수입, 수출하는 각 나라의 모습들
		녹음테이프	• 견학 장소에서 일하시는 분들 녹음 테이프

7) 가정통신문

(1) 화폐가치와 교환

경제 프로젝트 "화폐가치와 교환"에 대한 가정 통신문

안녕하십니까? 수선화반 친구들과 함께 '경제'에 대한 프로젝트를 진행합니다.
첫 번째 주제로 '화폐가치와 교환'에 대하여 알아보기로 했습니다.
이와 관련하여 부모님께 아래와 같이 알려드리오니 읽어 보신 후
프로젝트가 원활하게 진행될 수 있도록 부탁드립니다.

<table>
<tr><td>주 제</td><td colspan="2">화폐가치와 교환</td></tr>
<tr><td>학습예상시기</td><td colspan="2">14주</td></tr>
<tr><td>주제 선정 이유</td><td colspan="2">경제라는 활동은 우리 아이들이 자라는 과정 속에서 꼭 알아야 할 내용입니다. '세 살 버릇이 여든까지 간다'라는 속담이 있듯이 우리 아이들에게 올바른 경제 개념을 심어 주어서 나중에 어른이 되어서도 경제생활을 바르게 할 수 있도록 도움을 주기 위해 경제 프로젝트를 진행하게 되었습니다.
그래서 첫 번째 주제로 아이들이 쉽게 접할 수 있는 화폐에 대하여 알아보기 위해 '화폐의 가치와 교환'이란 주제로 프로젝트를 시작하게 되었습니다.</td></tr>
<tr><td>'화폐의 가치와 교환'에 관한 중심개념</td><td colspan="2">• 내가 사고 싶은 물건을 계획해서 직접 구입한다.
• 물건을 살 때 돈을 내고 거스름돈을 받을 수 있다.
• 물건을 사기 위해서 돈의 단위(액수)를 알고 있다.
• 내가 물건을 사기 위해 그 대가로 돈을 지불한다.
• 내가 사려는 물건이 어떻게 나에게까지 왔는지 알 수 있다.
• 은행에서 어떤 일을 하고 우리에게 어떤 도움을 주는지 안다.
• 나에게 값어치가 없는 물건도 필요한 다른 사람과 바꾸면 가치가 생긴다.
• 우리가 필요한 것을 돈으로 살 수 있기 때문에 소중하다는 것을 알 수 있다.
• 같은 물건이라도 서로 가격이 다름을 알고 비교해 볼 수 있다.
• 내가 가진 돈은 한정되어 있지만 여러 가지 물건을 고르고 구입할 수 있다.
• 우리나라 돈을 다른 나라 돈으로 바꿀 수 있다.
• 내가 필요한 것을 어느 곳에서 사느냐에 따라 가격의 차이가 있음을 안다.
• 화폐 대신에 사용하는 대체화폐가 있다.(상품권, 카드, 쿠폰……)
• 용돈 기입장을 기록하면서 돈을 어디에 사용했는지를 알고 절약할 수 있다.
• 일(심부름, 내가 할 수 있는 일)을 했을 때 돈 대신에 다른 것(스티커, 칭찬, 선물)으로 보상 받을 수 있음을 안다.</td></tr>
<tr><td>예상되는 학습내용 및 활동</td><td colspan="2">'화폐가치와 교환' 프로젝트 활동 유형별 예상안과 교사 예상 주제망을 참고하시기 바랍니다.
활동 내용은 아이들의 활동 진행 상황에 따라 조정되면서 이루어질 계획입니다.</td></tr>
<tr><td rowspan="3">가정에서 도와 주세요</td><td>부모님과 유아들이 함께 하실 일</td><td>• 일상생활에서 화폐(동전, 지폐)를 사용하는 곳을 아이들도 직접 보거나 사용해 볼 수 있도록 도와주세요.
• 아이들이 '돈'에 관련하여 질문을 할 때 가능하면 그 질문을 적어 보고 답을 찾아볼 수 있도록 장려하고 도와주세요.
• 은행, 마트, 시장 등에 갈 때 아이들도 함께 데려가서 체험해 볼 수 있도록 해주세요.
• 집에서 아이들이 직접 용돈을 벌 수 있는 일에 대하여 이야기를 나눈 후 용돈기입장을 기록하며 돈의 소중함을 느낄 수 있도록 도와주세요.
• 돈을 바르게 사용할 수 있도록 도와주세요(돈을 구기지 않기, 동전 소중히 여기기).</td></tr>
<tr><td>자원협조</td><td>• 부착된 자원 목록을 보시고 있으시면 연락 주세요. 이외에 '화폐의 가치와 교환'에 관련된 어떤 자원도 환영합니다.</td></tr>
<tr><td>전문가/자원봉사</td><td>• 은행, 마트, 시장에 근무하시는 분이나 이와 관련된 곳으로의 견학에 도움을 주실 수 있으신 분은 연락 바랍니다.</td></tr>
</table>

(2) 기회비용

경제 프로젝트 "기회비용"에 대한 가정 통신문

안녕하십니까?
경제 프로젝트 두 번째 주제로 '기회비용' 에 대하여 알아보기로 했습니다.
이와 관련하여 부모님께 아래와 같이 알려드리오니 읽어 보신 후
프로젝트가 원활하게 진행될 수 있도록 부탁드립니다.

<table>
<tr><td>주 제</td><td colspan="2">기회비용</td></tr>
<tr><td>학습예상시기</td><td colspan="2">6주</td></tr>
<tr><td>주제 선정 이유</td><td colspan="2">기회비용이란 두 가지 중에서 하나는 선택하게 되고 다른 하나는 포기를 하게 되는 것을 이야기합니다. 아이들이 물건을 구입할 때 나에게 있어 가장 필요한 것이 무엇인지 신중히 생각을 하고 선택하면서 그 선택에 후회가 남지 않도록 도움을 주기 위해 두 번째 주제로 기회비용에 대하여 알아보게 되었습니다.</td></tr>
<tr><td>'기회비용' 에 관한 중심개념</td><td colspan="2">• 나에게 꼭 필요한 것은 무엇인지 알고, 왜 그것이 필요한지를 안다.
• 내가 선택한 물건 중에서 왜 그것을 선택했는지와 느낀 점을 나눠 본다.
• 그것을 선택했을 때 좋은 점과 나쁜 점에 대하여 알 수있다.
• 하나를 선택하면 다른 것을 포기해야 한다는 것을 안다.
• 왜 다른 것을 포기했는지에 대하여 이야기할 수 있다.
• 하나의 물건을 선택했을 때 만족감을 느끼거나 또는 후회할 때가 있다.
• 여러 가지 중에서 하나를 선택하려면 신중히 생각해야 한다.
• 선택을 해서 나에게 얻어지는 것이 있다.
• 잘못 선택했을 때 원치 않는 결과를 얻음을 안다.</td></tr>
<tr><td>예상되는 학습내용 및 활동</td><td colspan="2">• '기회비용' 프로젝트 활동 유형별 예상안과 교사 예상 주제망을 참고하시기 바랍니다.
• 활동 내용은 아이들의 활동 진행 상황에 따라 조정되면서 이루어질 계획입니다.</td></tr>
<tr><td rowspan="3">가정에서 도와 주세요</td><td>부모님과 유아들이 함께 하실 일</td><td>• 아이들이 물건을 살 때 구매 계획을 세우고 난 후 스스로 선택해서 구입해 볼 수 있도록 해주세요.
• 우리 가족이 함께 물건을 사고 서로 비교해 보는 시간을 가져보세요.
• 마트나 시장에서 장을 볼 때 아이들도 함께 경험할 수 있도록 도움을 주세요.
• 선택을 하는 이유에 대하여 말할 수 있도록 해주세요.
• 물건을 사고 난 후의 느낀 점을 이야기할 수 있도록 해주세요.</td></tr>
<tr><td>자원협조</td><td>• 부착된 자원 목록을 보시고 있으시면 연락 주세요. 이외에 '기회비용' 에 관련된 어떤 자원도 환영합니다.</td></tr>
<tr><td>전문가/ 자원봉사</td><td>• 시장이나 마트에서 일하시거나 이와 관련된 일을 하시는 분들 중에서 도움을 주실 수 있는 분들께서는 연락주세요.</td></tr>
</table>

(3) 재화와 서비스

경제 프로젝트 "재화와 서비스"에 대한 가정 통신문

<table>
<tr><td colspan="3">안녕하십니까?
경제 프로젝트 중 세 번째 주제로 '재화와 서비스' 에 대하여 알아보기로 했습니다.
이와 관련하여 부모님께 아래와 같이 알려드리오니 읽어 보신 후
프로젝트가 원활하게 진행될 수 있도록 부탁드립니다.</td></tr>
<tr><td>주 제</td><td colspan="2">재화와 서비스</td></tr>
<tr><td>학습예상시기</td><td colspan="2">4주</td></tr>
<tr><td>주제 선정 이유</td><td colspan="2">우리 주변에는 다양한 직업이 있습니다. 각 직업의 종류와 역할에 대하여 알아보고 직업마다 서비스가 다름을 이해하며 아이들이 서비스의 필요성을 알고 어른이 되어서도 어떤 서비스를 할 것인지 이야기를 나누면서 서비스에는 대가를 바라지 않는 서비스도 있음을 알려주기 위해 재화와 서비스에 대하여 알아보기로 했습니다.</td></tr>
<tr><td>'재화와 서비스' 에 관한 중심개념</td><td colspan="2">• 사람들은 돈을 벌기 위해 자기에게 맞는 직업을 선택하여 열심히 일한다.
• 돈은 저절로 생기는 것이 아니라, 자기가 노력한 만큼의 대가를 받고, 기쁨, 만족을 느낀다.
• 어떻게 서비스를 하느냐에 따라 고객의 만족감이 달라진다.
(과한 친절 → 부담감을 느낄 수 있다.)
• 기업은 고객의 만족을 위해서 다양한 서비스를 제공한다.
• 물건을 구입하고 난 후에도 서비스를 받을 수 있다.
• 우리가 받는 서비스도 있고 주는 서비스도 있다.
• 단순히 돈을 벌기 위한 서비스가 아니라 대가를 바라지 않는 봉사 서비스도 있다.
• 사람은 직업에 따라 하는 일이 다르며, 서비스도 다르다.
• 사람들이 아이디어를 많이 낼수록 그 상품의 질은 높아지고, 고객의 만족감은 높아진다.</td></tr>
<tr><td>예상되는 학습내용 및 활동</td><td colspan="2">• '재화와 서비스' 프로젝트 활동 유형별 예상안과 교사 예상 주제망을 참고하시기 바랍니다.
• 활동 내용은 아이들의 활동 진행 상황에 따라 조정되면서 이루어질 계획입니다.</td></tr>
<tr><td rowspan="3">가정에서 도와 주세요</td><td>부모님과 유아들이 함께 하실 일</td><td>• 아이들이 서비스를 받거나 직접 서비스를 할 수 있도록 도와주세요.
• 여러 가지 직업의 종류에 대하여 이야기 나누고 부모님께서 하시는 일에 대하여 알려 주세요.
• 아이들이 집에서 부모님, 언니, 오빠에게 직접 서비스를 실천할 수 있도록 하고 서비스를 잘 했을 때 칭찬해 주세요.
• 가정에서 아이들이 할 수 있는 일을 정하고 돈을 벌 수 있는 기회를 제공해 주세요.
• 우리를 위해 애쓰시는 분들께 편지를 써서 보내주세요.</td></tr>
<tr><td>자원협조</td><td>• 부착된 자원 목록을 보시고 있으시면 연락 주세요. 이외에 '재화와 서비스' 에 관련된 어떤 자원도 환영합니다.</td></tr>
<tr><td>전문가/ 자원봉사</td><td>• 자신의 직업을 아이들에게 알려주고 싶으신 부모님들께서는 연락 바랍니다.
• 서비스와 관련하여 이야기해 주실 수 있는 분께서는 연락 바랍니다.</td></tr>
</table>

(4) 자원과 생산

경제 프로젝트 "자원과 생산"에 대한 가정 통신문

<table>
<tr><td colspan="3">안녕하십니까?
경제 프로젝트 중 네 번째 주제로 '자원과 생산' 에 대하여 알아보기로 했습니다.
이와 관련하여 부모님께 아래와 같이 알려드리오니 읽어보신 후
프로젝트가 원활하게 진행될 수 있도록 부탁드립니다.</td></tr>
<tr><td>주 제</td><td colspan="2">자원과 생산</td></tr>
<tr><td>학습예상시기</td><td colspan="2">3주</td></tr>
<tr><td>주제 선정 이유</td><td colspan="2">우리 주변에는 많은 자원들이 있습니다. 여러 가지 자원으로 우리가 필요한 것을 생산하는 과정을 알아보면서 자원의 소중함을 다시 한 번 알려주고 이러한 자원을 소중히 아껴서 사용할 수 있도록 하기 위해 네 번째 주제로 자원과 생산에 대하여 알아보기로 했습니다.</td></tr>
<tr><td>'자원과 생산' 에 관한 중심개념</td><td colspan="2">• 물건이 우리에게 오기까지의 과정을 알 수 있다.
• 가게 주인은 다른 곳에서 생산된 물건이나 직접 만든 물건을 판다.
• 한 가지 자원을 가지고 여러 가지 상품을 생산할 수 있다.
• 생산을 하기 위해서는 노동력이 필요하다.
• 노동력의 대가로 돈을 벌 수 있다.
• 한 가지 자원을 가지고 대량 생산할 수 있다.
• 어떻게 생산하느냐에 따라 모양과 특성이 달라진다.
• 다양한 매채를 통해 생산된 물건을 판매할 수 있다.
• 자연의 도움으로 생산되는 것이 있다.
• 자기가 생산을 하는 과정을 통해 얻는 기쁨, 보람이 있다.
• 어떤 것을 어떻게 생산하느냐에 따라 가격의 차이가 남을 알 수 있다.</td></tr>
<tr><td>예상되는 학습내용 및 활동</td><td colspan="2">• '자원과 생산' 프로젝트 활동 유형별 예상안과 교사 예상 주제망을 참고하시기 바랍니다.
• 활동 내용은 아이들의 활동 진행 상황에 따라 조정되면서 이루어질 계획입니다.</td></tr>
<tr><td rowspan="3">가정에서 도와 주세요</td><td>부모님과 유아들이 함께 하실 일</td><td>• 가정에서 재활용할 수 있는 것들을 분리해 볼 수 있도록 해주세요.
• 폐품을 이용하여 만들기를 해보세요.
• 가정에서 야채 가꾸기를 아이들과 함께 해보세요.
• 물건을 만드시는 분이나 농부, 어부 아저씨께 고마움을 느낄 수 있도록 이야기해 주세요.
• 물 아껴쓰기(양치질 할 때 컵에 물 받기, 수돗물 아껴쓰기 등)를 아이들과 실천해 보세요.</td></tr>
<tr><td>자원협조</td><td>• 부착된 자원 목록을 보시고 있으시면 연락 주세요. 이외에 '자원' 에 관련된 어떤 자원도 환영합니다.</td></tr>
<tr><td>전문가/자원봉사</td><td>• 물건을 생산하는 직업과 관련된 곳에 종사하시거나 알고 계신 분께서는 연락 바랍니다.</td></tr>
</table>

(5) 보충과 대안

경제 프로젝트 "보충과 대안"에 대한 가정 통신문

안녕하십니까?
경제 프로젝트 중 다섯 번째 주제로 '보충과 대안' 에 대하여 알아보기로 했습니다.
이와 관련하여 부모님께 아래와 같이 알려드리오니 읽어 보신 후
프로젝트가 원활하게 진행될 수 있도록 부탁드립니다.

<table>
<tr><td>주 제</td><td colspan="2">보충과 대안</td></tr>
<tr><td>학습예상시기</td><td colspan="2">2주</td></tr>
<tr><td>주제 선정 이유</td><td colspan="2">생산자와 소비자의 역할 놀이를 하면서 생산자의 경우 소비자가 필요로 하는 물건이 없을 때에 소비자를 만족시키기 위해서 다양한 물건을 보충하고 대안하는 방법들을 알려주기 위해서 이 주제를 선정하게 되었습니다.</td></tr>
<tr><td>'보충과 대안' 에 관한 중심개념</td><td colspan="2">• 한 가게에서 다양한 상품을 팔 수 있다.
• 한 상품을 다 팔면, 다른 상품으로 대체하여 팔 수 있다.
• 판매하는 사람은 대신할 만한 상품을 준비해 놓아야 한다.
• 다양한 대체 물건이 있어서 물건을 사는 사람은 편리하게 상품을 살 수 있다.
• 고객에게는 이익이 되지만, 판매자에게는 손해가 될 수 있다.
• 판매자는 상품을 신속하게 대처하여 이익을 볼 수 있다.
• 소비자가 상품을 사고 나서 마음에 들지 않으면, 다른 물건으로 바꿔 소비자가 만족할 수 있도록 한다.
• 소비자를 만족하게 하기 위해 판매자는 많은 아이디어를(덤) 제공해야 한다.</td></tr>
<tr><td>예상되는 학습내용 및 활동</td><td colspan="2">• '보충과 대안' 프로젝트 활동 유형별 예상안과 교사 예상 주제망을 참고하시기 바랍니다.
• 활동 내용은 아이들의 활동 진행 상황에 따라 조정되면서 이루어질 계획입니다.</td></tr>
<tr><td rowspan="3">가정에서 도와 주세요</td><td>부모님과 유아들이 함께 하실 일</td><td>• 가정에서 보충해야 될 물건들을 알아보고 무엇으로 보충할 것인지를 이야기 해보세요.
• 마트에 갔을 때 다양한 종류의 물건을 팔고 있음을 아이들에게 알려주세요.
• 여러 가게에서는 어떤 물건들을 파는지 이야기 나눠보고 써볼 수 있도록 도와주세요.</td></tr>
<tr><td>자원협조</td><td>• 부착된 자원 목록을 보시고 있으시면 연락 주세요. 이외에 '보충과 대안' 에 관련된 어떤 자원도 환영합니다.</td></tr>
<tr><td>전문가/자원봉사</td><td>• 가게를 운영하시는 분이나 알고 계신 분들 중에서 도움을 주실 수 있으신 분께서는 연락 바랍니다.</td></tr>
</table>

(6) 희소성

경제 프로젝트 "희소성"에 대한 가정 통신문

<table>
<tr><td colspan="3">안녕하십니까?
경제 프로젝트 중 네 번째 주제로 '희소성'에 대하여 알아보기로 했습니다.
이와 관련하여 부모님께 아래와 같이 알려드리오니 읽어 보신 후
프로젝트가 원활하게 진행될 수 있도록 부탁드립니다.</td></tr>
<tr><td>주 제</td><td colspan="2">희소성</td></tr>
<tr><td>학습예상시기</td><td colspan="2">4주</td></tr>
<tr><td>주제 선정 이유</td><td colspan="2">갖고 싶어 하는 사람들은 많지만 그 물건이 한정되어 있을 때 희소가치가 높아집니다. 우리나라와 다른 나라의 희소한 것을 알아보고 나에게도 희소한 것이 무엇인지 생각해 보면서 희소한 것들을 소중히 여기는 마음을 갖기 위해 이 주제를 선정하게 되었습니다.</td></tr>
<tr><td>'희소성' 에 관한 중심개념</td><td colspan="2">• 상황에 따라 가치가 다름을 알 수 있다.
• 필요한 사람은 많지만, 사고자 하는 물건의 양이 정해져 있어서 모두가 가질 수 없다.
• 모든 사람이 가질 수 없기 때문에 가치가 높다.
• 수량이 적으므로 가치가 높아지고 소중하다는 것을 알 수 있다.
• 돈으로 살 수 없는 자연의 소중함을 배운다.
• '나' 자신도 소중함을 안다.
• 장소에 따라 희소가치가 달라진다.
• 우리 문화 유산에 대한 가치를 알 수 있다.</td></tr>
<tr><td>예상되는 학습내용 및 활동</td><td colspan="2">• '희소성' 프로젝트 활동 유형별 예상안과 교사 예상 주제망을 참고하시기 바랍니다.
• 활동 내용은 아이들의 활동 진행 상황에 따라 조정되면서 이루어질 계획입니다.</td></tr>
<tr><td rowspan="3">가정에서 도와 주세요</td><td>부모님과 유아들이 함께 하실 일</td><td>• 우리 가족에게 희소성이 있는 물건을 찾아보고 이야기 나눠 보세요.
• 집에서 하나밖에 없는 나만의 물건을 아이들과 만들어 보세요.
• 우리나라에서 희소성이 높은 것을 조사해 보세요.</td></tr>
<tr><td>자원협조</td><td>• 부착된 자원 목록을 보시고 있으시면 연락 주세요. 이외에 '희소성' 에 관련된 어떤 자원도 환영합니다.</td></tr>
<tr><td>전문가/자원봉사</td><td>• 희소성이 있는 물건들의 장소에 종사하시는 분께서는 연락 바랍니다. (박물관 종사자, 유물 · 유적지를 조사하시는 분……)</td></tr>
</table>

8) 활동내용

〈도입〉

화폐가치와 교환

1. 우리가 살아가는 데 필요한 것에 대하여 이야기해 보아요.
2. 돈의 사용방법에 대하여 알아보아요.
3. 돈이 없었을 때 물물교환하는 모습을 이야기해요.
4. 돈은 어떻게 생겨났을까?
5. 돈의 발달 과정에 대하여 알아보아요.
6. 돈 대신 사용할 수 있는 것은 무엇이 있는지 이야기 나누어요.
7. '돈' 하면 생각나는 것이 있어요.
8. 주제망 그리기.
9. '돈' 에 대하여 궁금한 점이 있어요.
10. '돈' 에 대하여 알아보았어요.
11. 우리나라 돈에는 어떤 그림들이 있는지 알아보아요.
12. 동전과 지폐 비교하기.
13. 돈은 어디에서 만들어지는지 알아보아요.
14. 돈이 만들어지는 과정에 대하여 알아보아요.
15. 나라마다 돈이 달라요.
16. 다른 나라의 돈은 어떻게 생겼을까요?

〈전개〉

화폐가치와 교환

17. 부모님은 왜 돈을 버는지 이야기 나누어 보아요.
18. 우리도 돈을 벌 수 있어요.
19. 돈을 바르게 사용해요(용돈 기입장 기록).

20. 은행은 무엇을 하는 곳일까요?
21. 은행에서 하는 일들이 궁금해요.
22. 은행 견학하기.
23. 은행에 다녀왔어요(그룹토의).
24. 돈을 사용하는 곳을 알아보아요.
25. 마트에서 경험한 것들을 이야기 나누어 보아요.
26. 우리가 할 수 있는 요리활동에 대하여 알아보아요.
27. 마트에 대하여 궁금한 점이 있어요.
28. 마트 견학.
29. 요리활동 하기.
30. 요리활동을 하고 나서 느낀 점이 있어요.
31. 시장에 대하여 궁금한 점이 있어요.
32. 시장 견학.
33. 시장에 다녀왔어요(느낀 점과 궁금한 점 토의).
34. 마트와 시장 비교하기.
35. 경제 캠프를 준비해요.
36. 경제 캠프.
37. 경제 캠프를 다녀왔어요(느낀 점과 수익금에 대하여 알고 저금하기).
38. 손님과 주인 역할을 해보았어요.
39. 화폐가치와 교환에 대하여 알아보았어요.

기회비용

1. 내가 직접 물건을 산 경험에 대하여 이야기 나누기
2. 내가 선택을 잘했을 때와 못했을 때의 경험에 대하여 이야기 나누기.
3. 기회비용에 대한 생각 모으기 및 유목화.
4. 기회비용 주제망 그리기.

5. 내가 갖고 싶은 것이 있어요.
6. 우리 가족이 갖고 싶어 하는 것이 있어요.
7. 한 가지만 선택할 수 있어요.
8. 물건을 잘 사려면 어떻게 해야 할까요?
9. 마트 견학.
10. 내가 산 물건에 대하여 이야기 나누기(자기 평가).
11. 다음에 물건을 살 때는 어떻게 해야 할까?
12. 기회비용에 대하여 알아보았어요.

재화와 서비스

1. 친구들이 서비스를 받아 본 적이 있는지에 대하여 이야기를 나누어요.
2. 재화와 서비스에 대한 생각 모으기 및 유목화.
3. 재화와 서비스 주제망 그리기.
4. 눈에 보이는 서비스와 보이지 않는 서비스.
5. 내가 우리 가족과 친구들에게 할 수 있는 서비스.
6. 여러 가지 직업의 종류에 대하여 알아보아요.
7. 직업에 따라 서비스의 종류가 달라지는 것을 알아보아요.
8. 내가 커서 어른이 되면……(직업과 서비스).
9. 재화와 서비스에 대하여 알아보았어요.

자원과 생산

1. 왜 사람들은 돈을 벌까요?
2. 소비자와 생산자에 대하여 알아보아요.
3. 여러 가지 물건의 생산과정을 알아보아요.
4. 자원과 생산에 대한 생각 모으기 및 유목화.
5. 자원과 생산 주제망 그리기.

6. 만들어진 물건들은 어떻게 될까요?
7. 만들어진 물건을 효율적으로 많이 팔 수 있는 방법에 대하여 알아보아요.
8. 한 가지 재료를 가지고 다양한 물건을 만들 수 있어요.
9. 우리가 직접 물건을 만들어 보아요.
10. 물건을 만들고 나서 느낀 점과 만든 물건을 어떻게 할까요?
11. 자원과 생산에 대하여 알아보았어요.

보충과 대안

1. 가게에서는 여러 가지 물건을 팔아요.
2. 보충과 대안에 대하여 생각 모으기 및 유목화.
3. 보충과 대안 주제망 그리기.
4. 왜 여러 가지 물건을 팔까요?
5. 내가 하고 싶은 가게가 있어요.
6. 가게의 물건을 보충하고 대안할 수 있는 것에 대하여 알아보아요.
7. 보충과 대안을 했을 때 좋은 점과 안 좋은 점이 있어요.
8. 보충과 대안에 대하여 알아보았어요.

희소성

1. 내가 꼭 가지고 싶은 물건이 있어요(왜 그것을 가지고 싶은지 이유 말하기).
2. 그 물건이 나에게 얼마나 가치가 있는지 알아보아요.
3. 희소성에 대한 생각 모으기 및 유목화.
4. 희소성 주제망 그리기.
5. 나에게 가장 소중한 물건은 어떤 것이 있을까요?
6. 우리 가족은 어떤 물건을 소중히 생각하고 있을까요?
7. 가장 소중한 물건을 잃어버렸다면…….
8. 돈으로 살 수 있는 것과 없는 것에 대하여 알아보아요.

9. 내가 갖고 싶은 것이 나에게는 없고 친구에게만 있어요(어떻게 할까요?).
10. 내가 갖고 싶은 것이 나에게는 있고 친구에게는 없어요(어떻게 할까요?).
11. 우리 주변에서 어떤 것이 희소성이 있는지 찾아보고 이야기해 본다.
12. 각 나라마다 희소성이 다르다는 것을 알고 어떤 것이 희소성이 있는지 찾아 본다.
13. 여러 나라에서 희소성이 있는 것을 어떻게 할까요?(수입과 수출)
14. 우리는 희소성 있는 것들을 어떻게 사용해야 할까요?
15. 희소성에 대하여 알아보았어요.

〈마무리〉

1. 경제 프로젝트를 마치며(나의 다짐)
2. 나와 친구의 용돈 기입장 비교하기
3. 바자회 계획하기 1 – 물건 만들기
4. 바자회 계획하기 2 – 물건을 만들고 나서 느낀 점과 만든 물건을 어떻게 할까요?
5. 경제에 대한 동시 쓰기
6. 경제 북아트 만들기
7. 경제에 대한 캠페인
8. 바자회를 열어요.
9. 불우이웃을 도와요.

Ⅲ. 프로젝트 진행과정

1 화폐의 가치와 교환

활동 1-1

우리가 살아가는 데 필요한 것에 대하여 이야기해 보아요.

▶ 우리 주변에서 필요한 것들에 대하여 이야기를 하면서 그 중 우리에게 필요한 신발, 옷, 음식 등을 우리가 어떻게 사용할 수 있는지에 대하여 알아보며 '돈' 이라는 개념에 대하여 관심을 가질 수 있도록 하였다.

교사 우리가 살아가면서 꼭 필요한 것들이 우리 주변에는 많이 있어요.
우리가 살면서 어떤 것들이 필요한 것 같아요?

유아 옷이요.

유아 물이요

유아 신발도 필요해요.

교사 그래요. 옷, 물, 신발이 필요하겠지요? 이런 것들이 왜 필요할까요?

유아 옷이 없으면 겨울에 춥고 옷을 안 입고 다니면 부끄러워요.

유아 신발이 없다면 발바닥이 다칠 수도 있어요.

유아 음식이 없다면 배고파서 살 수 없어요.

교사 그래요, 이렇게 우리가 살면서 필요한 것들은 아주 많아요.
그러면 옷이나, 음식, 자동차는 어떻게 우리가 가지게 되었을까요?

유아 엄마, 아빠가 사주셨어요.

유아 할머니께 선물을 받았어요.

유아 돈으로 샀어요.

유아 맞다, 그럼 우리는 돈도 필요해!!

유아 돈이 있으면 필요한 것을 살 수 있어.

- 여러 가지 물건들을 이야기하며 우리가 필요한 것들을 갖기 위해서는 '돈이 필요하다.' 라는 이야기를 하였다. 아이들이 돈에 대하여 관심을 보이며 활동에 참여하였다.

돈이 필요해요. 돈으로 여러 가지 물건을 살 수 있어요.

밖에서 살면 춥고 힘이 들기 때문에 집이 필요해요.

"나는 옷이 필요한 것 같아."
"옷을 사려면 돈이 필요해."

활동 | 1-2

돈의 사용방법에 대하여 알아보아요.

▶ 돈을 사용하는 곳에 대하여 이야기를 나누었다.

교사 지난 시간에 우리가 필요한 것들을 알아보았는데 옷, 과자, 집 등을 갖기 위해서는 무엇이 필요한가요?

유아 돈으로 사는 거예요.

교사 돈으로 어떤 것을 살 수 있을까요?

유아 맛있는 것도 사먹어요.

유아 신발도 사요.

유아 우리가 필요한 것을 살 때 돈을 써요.

교사 그러면 돈은 물건을 살 때만 사용할까요?

유아 아니요.

유아 돈이 있으면 저금도 해요.

유아 나는 우리 엄마한테 맡겨 달라고 했어요.

교사 그러면 돈의 사용방법을 그림이나 글로 표현해 보기로 해요.

➲ 돈의 사용방법에 대하여 이야기 나누어 보니 아이들은 돈은 물건을 사기 위해 사용하는 것으로 많이 인식하고 있었다. 앞으로 경제 프로젝트를 통해서 다양한 돈의 역할과 돈으로 할 수 있는 것들을 알아나갈 수 있도록 해야겠다.

옷을 살 때 돈을 내요.

돈을 저금했어요.

활동 | 1-3

돈이 없었을 때 물물교환하는 모습을 이야기해요.

▶ 동화를 통해 물물교환에 대하여 알아보았다.

교사 물건을 살 때 무엇이 필요한가요?

유아 돈이요.

유아 카드요.

교사 그래요. 돈이나 신용카드 등을 사용해서 옷, 신발, 먹을 것 등을 삽니다. 그런데 돈이 없었던 옛날에는 어떻게 물건을 샀을까요?

유아 옛날에는 돈 대신에 다른 것을 주고 물건을 산 것 같아요.

유아 돈이 없어서 물건을 못 산 것 같아요.

교사 그러면 선생님이 이야기를 하나 들려줄게요. 이야기를 듣고 돈이 없었을 때에는 어떻게 물건을 샀는지 알아보기로 해요.
(「우리 서로 바꾸어 볼까요?」 동화책을 들려 준다.)

우리 바꾸어 볼까요? –물물교환

교사 (이야기를 다 듣고 난 후) 돈이 없었을 때 어떻게 필요한 물건을 샀을까요?

유아 필요한 물건을 서로 바꾸었어요.

유아 물물교환을 했어요.

교사 맞아요, 필요한 물건을 가지고 있는 사람들끼리 만나서 물건을 서로 바꾸는 물물교환을 했어요. 이렇게 돈이 없던 옛날에는 물물교환으로 필요한 물건을 살 수 있었어요. 물물교환 이야기를 들으면서 생각나는 장면과 느낀 점을 그림과 글로 표현해 보도록 해요.

유아 네.

동화를 듣고 난 후 돈이 없었을 때에는 물물교환으로 필요한 물건을 살 수 있었다는 것을 알고 놀라워하는 아이들도 있었고, "선생님 아주 무거운 것을 들고 가려면 힘들었을 것 같아요."라고 말하는 친구의 이야기에 웃음을 터트리기도 했다.

"물물교환으로 필요한 물건을 샀어."

서로 필요한 것을 바꿔요.

활동 | 1-4

돈은 어떻게 생겨났을까?

▶ 돈이 왜 생겨나게 되었는지에 대하여 아이들이 생각해 볼 수 있도록 하였다.

교사 돈은 어떻게 해서 생겨났을까요?

유아 돈을 만들었어요.

유아 물물교환이 불편해서요.

유아 서로 물건을 많이 바꾸려고 하면 힘들어서 돈을 만들었어요.

교사 그래요. 또 다른 생각을 하는 친구 있나요?

유아 물물교환을 하려면 시간이 오래 걸려서 돈을 만들었어요.

➲ 물물교환의 불편한 점들을 이야기하면서 돈이 생겨나게 된 이유에 대하여 알 수 있었다.

물건을 너무 많이 들 때 힘들었어요.

물물교환이 힘들어서 돈을 만들었어요.

활동 | 1-5

돈의 발달 과정에 대하여 알아보아요.

▶ 물물교환의 불편함에 대하여 알아보고 우리나라의 돈이 발달된 과정에 대하여 알아보았다.

교사 오늘은 돈의 발달 과정에 대하여 이야기를 나눠 보려고 해요. 옛날에는 돈이 없었을 때 물건을 어떻게 샀을까요?

유아 서로 필요한 물건을 물물교환을 했어요.

유아 맞아요, 그런데 물물교환이 힘들어서 돈이 생겨났어요.

교사 그래요, 물물교환의 어려움을 해결하기 위해서 돈이 생겨나게 되었는데 옛날에 사용했던 돈은 지금의 모양이 아니었대요.

유아 그럼 어떤 돈이 있었어요?

교사 선생님이 가지고 온 그림을 보면서 어떻게 돈이 점점 발달되었는지 알아보기로 해요.

유아 네.

(돈의 발달 과정이 그려진 표를 보면서 알아본다.)

돈의 발달 과정

1. 물물교환

2. 상품화폐(쌀, 소금)

3. 주조화폐

4. 태환화폐

5. 법화

6. 신용카드

교사 이렇게 우리의 돈이 발달된 과정을 알아보았는데 어떤 돈들이 있었는지 이야기해 볼 수 있을까요?

유아 상품화폐가 있었어요.

유아 주조화폐도 있었어요.

유아 우리나라에서 사용할 수 있도록 정한 법화도 있어요.

돈의 발달 과정을 아이들이 알기 쉽도록 표로 만들어서 보여주었는데 지금의 돈과 옛날 돈을 비교해 보고 이야기 나누며 옛날에 사용했던 돈의 모양에 많은 관심을 보였다.

화폐의 발달 과정을 그려요.

활동 | 1-6

돈 대신 사용할 수 있는 것은 무엇이 있는지 이야기 나누어요.

▶ 돈의 역할을 대신하는 것들에 대하여 알아보았다.

교사 우리가 물건을 살 때 돈을 지불해서 물건을 사요. 그러면 돈이 없는 경우에는 무엇으로 물건을 살 수 있을까요?

유아 엄마가 마트에 가서 카드로 계산을 했어요.

유아 상품권으로 사는 것도 봤어요.

교사 그래요. 우리는 물건을 살 때 꼭 돈을 내어서만 살 수 있는 것이 아니라 카드나 상품권으로 물건을 살 수도 있어요. 또 돈을 대신하는 것은 무엇이 있을까요?

유아 버스를 탈 때도 카드로 이렇게(손짓으로 카드를 이용하여 계산하는 모습을 흉내내며) 하는 것을 봤어요.

교사 와~ 우리 친구들이 엄마랑 같이 마트에서 계산할 때나 버스를 탈 때 보았던 것을 잘 기억해서 이야기해 준 것 같아요.

➡ 아이들이 부모님과 함께 마트에 갔을 때 계산하는 모습을 기억하며 돈 대신에 카드나 상품권 등으로 물건을 구입할 수 있다는 것을 알고 있었다.

"돈 대신 상품권도 사용해."

교통카드로 버스요금을 내요.

활동 | 1-7

'돈'하면 생각나는 것이 있어요.

▶ 돈에 대한 이야기를 나누면서 그동안의 생각과 아이들이 '돈' 하면 생각나는 것을 준비된 작은 종이에 쓰고 유목화 하는 활동을 하였다.

교사 '돈' 하면 무엇이 생각나요?

유아 물건을 살 수 있어요.

유아 마트가 생각나요.

유아 시장이 생각나요.

유아 엄마가 카드를 사용해요.

유아 일을 해서 돈을 벌어요.

유아 돈을 저금해요.

교사 그러면 우리 모두가 생각한 것들을 종이에 쓰고 비슷한 것들을 모아(유목화) 보도록 해요.

유아 네.

➲ 아이들의 생각을 기록한 종이를 모아 비슷한 내용끼리 분류하며 유목화를 하였다.

유목화 하기

➡

돈을 사용하는 곳	할 수 있는 것	돈의 종류	돈을 버는 방법	직업	은행	기타
마트 은행 가게 문구점 …	장난감 신발 사과 과자 …	오백원 오천원 주조 화폐 …	저금 빨래 개기 청소 …	가게 주인 선생님 요리사 …	새마을 금고 농협 우체국 …	지갑 저금통 영수증 …

활동 | 1-8

주제망 그리기

▶ 유목화 한 것을 가지고 주제망 그리기를 할 수 있도록 했다.

교사 우리가 '돈'에 대하여 생각한 것을 모아서 유목화 했었지요. 유목화 한 것을 가지고 주제망을 그려 볼 거예요.
가족별로 주제를 나눠서 작은 주제망을 그려 보고 작은 주제망을 다 그리면 하나로 모아서 큰 주제망을 그려 보도록 해요.

유아 네.

➡ 가족별로 각각의 소주제망을 그리도록 한 후 완성된 소주제망을 연결시켜서 화폐의 가치와 교환 주제망이 완성되도록 하였다.

"직업이라고 쓰자."

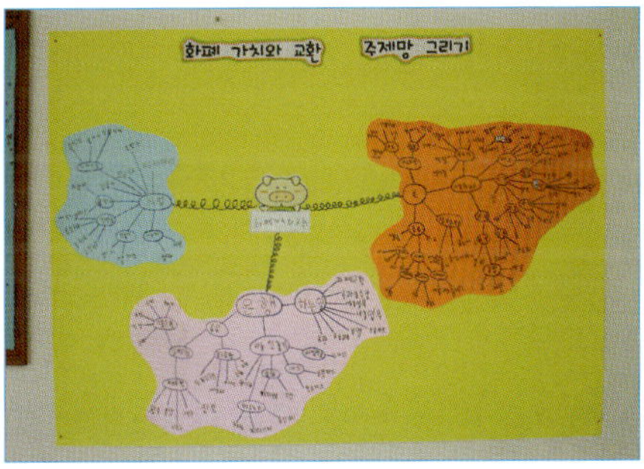

주제망 그리기

화폐가치와 교환 주제망

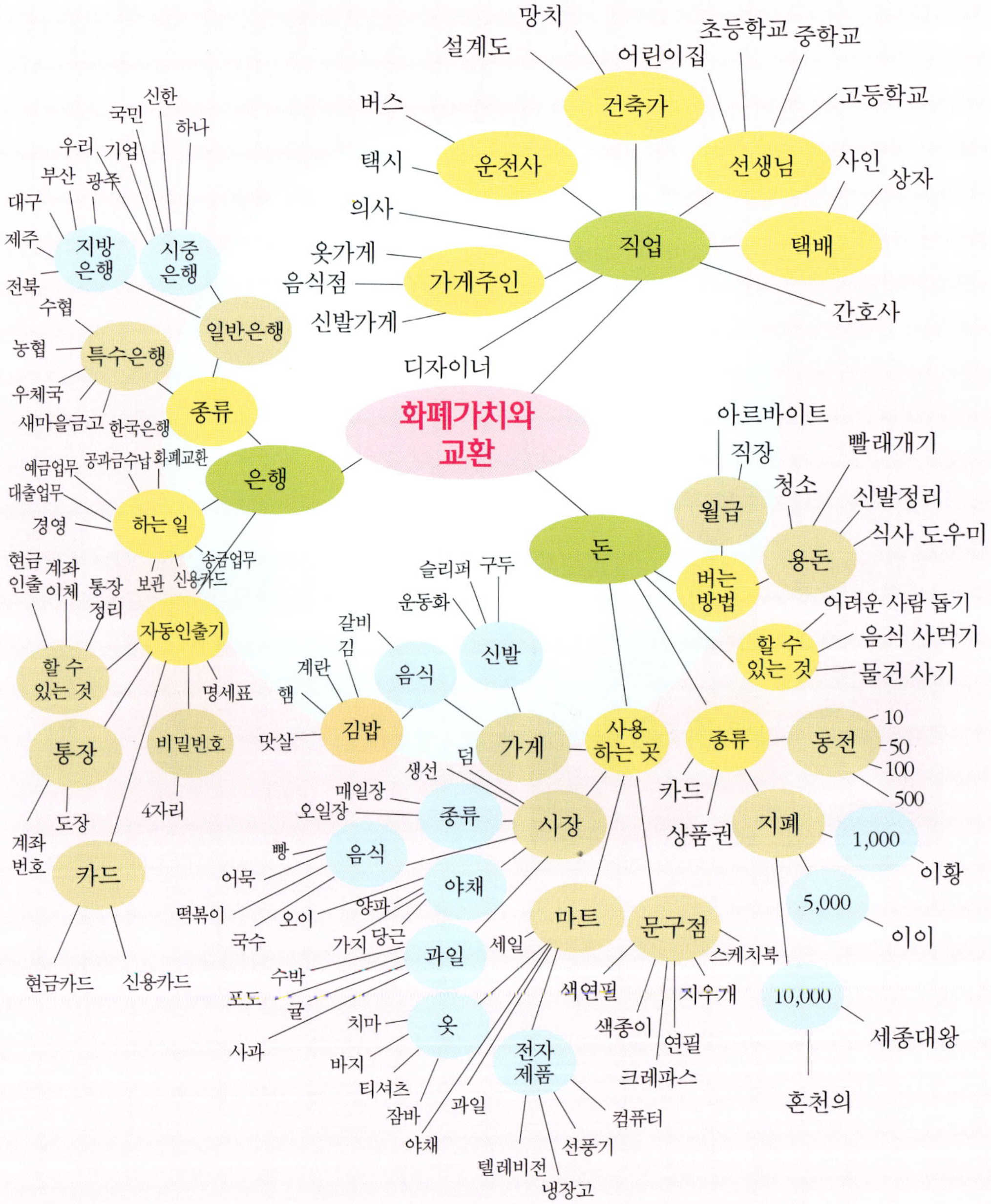
화폐가치와 교환
직업
건축가
망치
설계도
선생님
어린이집
초등학교
중학교
고등학교
운전사
버스
택시
의사
택배
사인
상자
가게주인
옷가게
음식점
신발가게
디자이너
간호사
은행
종류
일반은행
시중 은행
신한
국민
하나
기업
우리
광주
부산
대구
지방 은행
제주
전북
특수은행
수협
농협
우체국
새마을금고
한국은행
하는 일
예금업무
공과금수납
화폐교환
대출업무
경영
송금업무
보관
신용카드
자동인출기
현금 인출
계좌 이체
통장 정리
할 수 있는 것
명세표
비밀번호
4자리
통장
도장
계좌 번호
카드
현금카드
신용카드
돈
버는 방법
월급
아르바이트
직장
용돈
청소
빨래개기
신발정리
식사 도우미
할 수 있는 것
어려운 사람 돕기
음식 사먹기
물건 사기
종류
동전
10
50
100
500
카드
상품권
지폐
1,000
이황
5,000
이이
10,000
세종대왕
혼천의
사용 하는 곳
가게
신발
슬리퍼
구두
운동화
음식
갈비
김
김밥
계란
햄
맛살
덤
시장
생선
종류
매일장
오일장
음식
빵
어묵
떡볶이
국수
야채
오이
양파
가지
당근
과일
수박
포도
귤
사과
세일
마트
옷
치마
바지
티셔츠
잠바
과일
야채
전자 제품
텔레비전
냉장고
선풍기
컴퓨터
문구점
스케치북
새연필
색종이
지우개
연필
크레파스

활동 1-9 '돈'에 대하여 궁금한 점이 있어요.

▶ 아이들과 그동안 돈에 대하여 이야기를 나누면서 궁금했던 것들과 앞으로 알아보고 싶은 것들에 대하여 이야기 나누었다.

교사 돈에 대하여 궁금한 점에 대하여 이야기를 나눠 보려고 해요. 그동안 옛날에는 어떻게 물건을 사고 또 돈은 어떻게 발달되었는지에 대하여 알아보면서 궁금한 것들이 있었나요?

유아 네.

유아 누가 돈을 만들었는지 궁금했어요.

유아 우리가 지금 사용하는 돈은 어디에서 만드는지 알고 싶어요.

교사 또 알고 싶은 것이나 궁금한 것이 있나요?

유아 돈을 어떻게 벌 수 있는지 궁금해요.

유아 돈에 있는 그림이 무엇인지 알고 싶어요.

교사 그렇구나. 그러면 궁금한 것들을 그림이나 글로 표현해 보도록 해요.

유아 네.

➲ 돈에 대하여 궁금한 것을 이야기하고 직접 집에 가서 조사해 오기로 하였다.

궁금한 점이 있어요!!

돈에 있는 그림이 무엇인지 알고 싶어요.

활동 | 1-10

'돈'에 대하여 알아보았어요.

▶ 집에서 알아본 내용을 발표하는 시간을 가졌다.

교사 돈에 대하여 궁금한 것을 알아보았어요?

유아 네.

(아이들이 알아온 내용을 발표한다.)

➲ 아이들이 집에서 알아온 내용을 발표해 보고 친구가 알아온 내용과 내가 알아온 내용을 비교해 보기도 했다. 그리고 돈에 대하여 궁금했던 것들을 알게 되어서 좋았다는 이야기를 하며 프로젝트 활동에 흥미를 보였다.

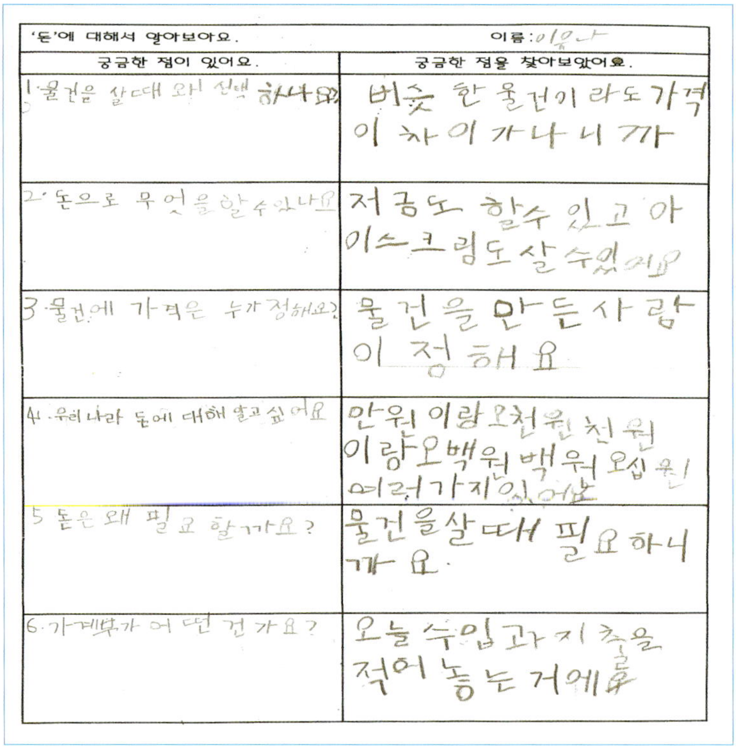

'돈'에 대해서 알아보아요. 이름:이윤나

궁금한 점이 있어요.	궁금한 점을 찾아보았어요.
1.물건을 살때 왜 선택 하나요?	비슷한 물건이라도 가격이 차이가 나니까
2.돈으로 무엇을 할수있나요	저금도 할수 있고 아이스크림도 살수있어요
3.물건에 가격은 누가 정해요?	물건을 만든사람이 정해요
4.우리나라 돈에 대해 알고 싶어요	만원이랑 오천원 천원이랑 오백원 백원 오십원 여러가지 있어요
5 돈은 왜 필요할까요?	물건을 살때 필요하니까요.
6.가계부가 어떤 건가요?	오늘 수입과 지출을 적어 놓는 거에요

유아가 알아온 내용

활동 | 1-11

우리나라 돈에는 어떤 그림들이 있는지 알아보아요.

▶ 아이들이 우리나라의 돈에 관심을 가지고 활동에 참여할 수 있도록 우리나라 돈에 대하여 살펴보았다.

교사 우리나라 돈에 있는 그림들에 대하여 알아보려고 해요. 어떤 그림들이 있는지 자세히 본 적 있나요?

유아 사람이 그려져 있었어요.

유아 집도 있었어요.

교사 사람도 있고, 집도 있었어요? 선생님이 직접 돈을 가지고 왔는데 어떤 그림이 있는지 돈을 보면서 알아보기로 해요.

유아 네!

	10원	50원	100원	500원	1,000원	5,000원	10,000원
앞							
	다보탑	보리	이순신	학	이황	이이	세종대왕
뒤							
	10원	50원	100원	500원	계상정거도	초충도	혼천의

교사 선생님과 함께 동전과 지폐에 있는 그림들을 살펴보았는데 10,000원 지폐에 있는 그림은 무엇이었나요?

유아 앞면에는 세종대왕이 그려져 있었어요.

유아 뒷면에는 혼천의가 있어요.

유아 천체 망원경도 그려져 있어요.

교사 그러면 오백원짜리 동전에는 어떤 그림이 있었나요?

유아 앞에는 학이 그려져 있고 뒷면에는 500이라고 써져 있어요.

- 아이들에게 동전과 지폐에 있는 그림에 대하여 설명을 해준 후 수수께끼를 통하여 아이들이 다시 한 번 생각해 볼 수 있도록 하였고, 직접 동전과 지폐에 있는 그림을 그려 보았다. 그리고 5만원 지폐에 대해서도 아이들이 관심을 보였다.

천원지폐

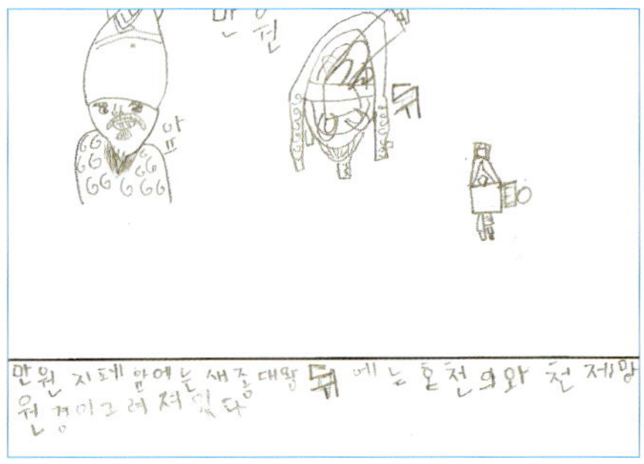

만원지폐

지폐를 관찰하고 있어요.

활동 | 1-12

동전과 지폐 비교하기

▶ 우리가 자주 사용하는 동전과 지폐의 같은 점과 다른 점을 비교해 보았다.

교사 우리가 사용하는 돈에는 동전과 지폐가 있어요.
동전과 지폐의 같은 점은 무엇일까요?

유아 그림이 있어요.

유아 숫자도 있어요.

유아 돈이에요.

유아 한국은행이라는 글씨도 있어요.

교사 다른 점은 무엇이 있을까?

유아 숫자가 달라요.

유아 색도 틀려요.

유아 지폐는 종이로 만들었어요.

유아 동전은 무거운데 지폐는 가벼워요.

유아 동전은 원 모양이에요.

유아 지폐는 사각형이에요.

➲ 벤다이어그램 표에 동전과 지폐의 같은 점과 다른 점을 각각 글로 표현해 보았다.

동전과 화폐 비교

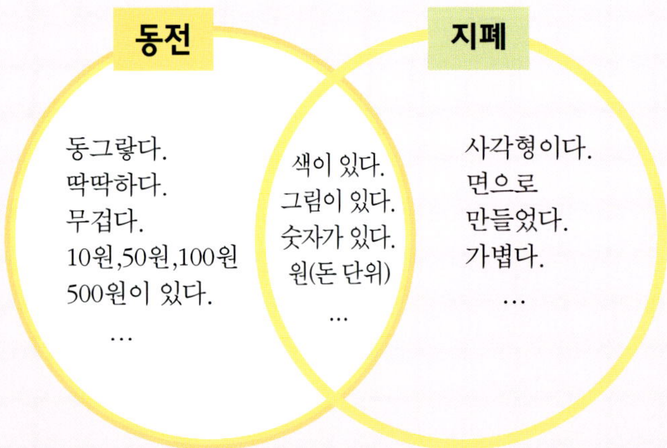
동전
지폐
동그랗다.
딱딱하다.
무겁다.
10원,50원,100원
500원이 있다.
…
색이 있다.
그림이 있다.
숫자가 있다.
원(돈 단위)
…
사각형이다.
면으로
만들었다.
가볍다.
…

활동 | 1-13

돈은 어디에서 만들어지는지 알아보아요.

▶ 아이들이 돈이 어떻게 만들어지는지에 대하여 궁금해하여 알아보았다.

교사 우리가 사용하는 돈은 어디서 만들까요?

유아 은행에서 만든 것 같아요.

유아 공장에서 돈을 기계로 만드는 것 같아요.

유아 맞아요, 돈을 만드는 공장이 있어요.

교사 돈이 어디에서 만들어지는지 많이 궁금해요?

유아 네.

교사 그러면 선생님이 우리나라의 돈이 어디에서 만들어지는지 이야기해 줄게요.

유아 네.

교사 우리나라의 돈은 한국조폐공사에서 만들어져요. 한국조폐공사에서 만들어진 돈을 바로 사용할 수 있는 것은 아니랍니다. 한국은행에서 도장을 찍어야 우리가 사용할 수 있는 돈의 역할을 할 수 있다고 해요.

➲ 아이들이 한국조폐공사에 대하여 알게 되어 좋아하였고, 돈이 어떻게 만들어지는지에 대하여 궁금해해서 다음 시간에 알아보기로 하였다.

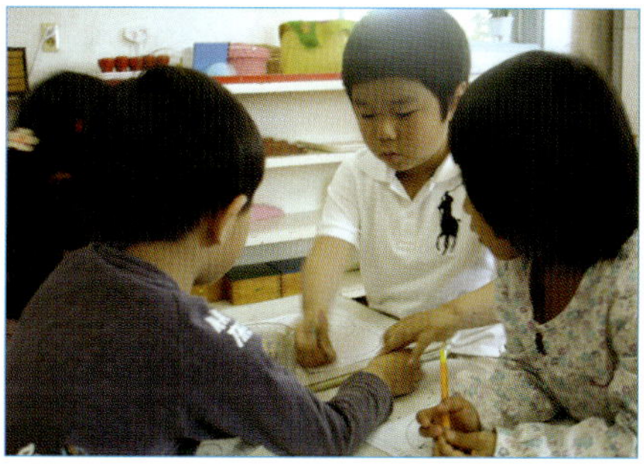

"돈을 만드는 곳이 한국조폐공사라고 했어."

공장에서 지페를 만들어요.

활동 | 1-14

돈이 만들어지는 과정에 대하여 알아보아요.

▶ 돈이 만들어지는 과정을 그림 자료를 통해 알아보았다.

교사 오늘은 돈이 어떻게 만들어지는지를 알아보려고 해요.

유아 종이로 만드는 것 같아요.

유아 쇠로 만들어요.

유아 그림을 직접 그릴 것 같아요.

교사 그러면 설명을 잘 듣고 어떻게 돈이 만들어지는지를 알아보기로 해요. (돈이 만들어지는 과정을 그림 자료로 설명한다.)

돈이 만들어지는 과정을 그림으로 알아봐요.

"돈을 만들 때 제일 첫 번째로 무엇을 하나요?" "디자인이요!"

교사 이렇게 돈을 만들기 위해서는 여러 가지 재료도 필요하고 기계도 돌려야 하기 때문에 돈이 들어가요. 그러면 우리는 돈을 어떻게 사용해야 할까요?

유아 돈을 깨끗이 사용해요.

유아 돈을 지갑에 넣고 다녀요.

➲ 돈이 만들어지는 과정에 대하여 알아보면서 돈을 만들기 위해서는 많은 돈과 노력이 있어야 함을 알게 되었다. 그리고 돈을 만드는 과정 중에서 생각나는

장면을 그림과 글로 표현했다.

돈을 많이 만들기 위해서 제판을 해요.

돈을 다 만들면 포장을 해요.

돈이 잘 만들어졌는지 검사해요.

디자인을 해서 만들어요.

활동 | 1-15

나라마다 돈이 달라요.

▶ 다른 나라의 돈에 대하여 알아보면서 우리나라의 돈과 비교해 보았다.

교사 우리나라의 돈과 다른 나라의 돈은 같을까요?

유아 아니요.

유아 그림이 달라요.

유아 돈의 크기도 다른 것 같아요.

교사 그래요. 우리나라, 미국, 일본, 중국 등 나라마다 돈이 각각 달라요. 그러면 왜 나라마다 돈이 다른 걸까요?

유아 우리나라 돈인지 다른 나라 돈인지 구별하려고요.

유아 돈에는 그 나라에서 중요했던 사람이 그려져 있는데 나라마다 달라요.

유아 돈을 만드는 사람이 달라서 여러 나라의 돈이 다른 것 같아요.

➲ 각 나라마다 돈이 다른 이유를 생각해 보면서 그림과 글로 표현해 보았다.

나라마다 그림이 틀려서 돈이 달라요.

나라마다 사람들의 모습이 달라서 돈이 달라요.

활동 | 1-16

다른 나라의 돈은 어떻게 생겼을까요?

▶ 우리나라와 다른 나라의 돈을 비교해 보는 활동을 했다.

교사 우리나라 돈과 다른 나라의 돈은 같은가요?

유아 달라요.

유아 우리나라 돈이랑 틀려요.

교사 오늘은 다른 나라의 돈들을 살펴보고 어떻게 다른지 잘 관찰한 후 다른 나라의 돈을 그려 보기로 해요.

➡ 각 그룹 별로 다른 나라의 돈을 관찰하고 그림으로 표현한다.

중국의 돈 - 앞면은 모택동, 뒷면은 중국 항주의 서호

활동 | 1-17

부모님은 왜 돈을 버는지 이야기 나누어 보아요.

▶ 부모님이 왜 돈을 버는지에 대하여 이야기하고 돈의 필요성을 알아보았다.

교사 엄마, 아빠가 일을 하러 가시죠?

유아 네.

교사 그러면 엄마, 아빠께서 열심히 일을 해서 돈을 받게 되는데 부모님들은 왜 열심히 일을 할까요?

유아 맛있는 것을 사줄려고요.

유아 집을 사려고요.

유아 예쁜 옷을 사려고요

유아 우리 가족이 필요한 것을 사려고요.

유아 저금하려고요.

교사 집, 옷, 음식 이렇게 우리가 필요한 것을 사기 위해 열심히 일을 해서 돈을 벌고 있다고 생각하는구나. 또 다른 생각을 발표할 친구 있나요?

유아 자동차를 사려고 돈을 벌어요.

유아 동생이랑 내가 갖고 싶어 하는 장난감을 사주려고 돈을 버는 것 같아요.

유아 책을 사주려고 돈을 벌어요.

유아 어린이집에 보내 주려면 돈이 필요해요.

교사 맞아요. 학교에도 가려면 돈이 필요해요.

➲ 부모님이 돈을 버시는 이유에 대하여 생각해 보면서 우리가 필요한 것들을 사주기 위해서 열심히 일을 하시는 것을 느끼는 모습을 볼 수 있었다.

돈을 벌어서
옷을 사서 입어.

맞아, 그리고
필요한 것도
살 수 있어.

먹을 것을 사려고 부모님들이 돈을 벌어요.

집을 사려고 돈을 벌어요.

활동 | 1-18

우리도 돈을 벌 수 있어요.

▶ 아이들도 직접 돈을 벌 수 있음을 느끼게 하고 돈을 벌 수 있는 방법을 알아 보았다.

교사 엄마, 아빠는 밖에 나가셔서 열심히 일을 해서 돈을 벌어 오시지요?

유아 네.

교사 그러면 엄마, 아빠께서는 어떤 일을 해서 돈을 벌까요?

유아 우리 엄마는 아픈 사람들을 돌봐줘요.

유아 가게에서 장사를 해요.

유아 회사에 가서 일을 해서 돈을 벌어요.

교사 그래요. 그러면 우리 친구들도 엄마, 아빠처럼 돈을 벌 수 있을까요?

유아 아니요, 아직 일할 수 없어요.

교사 그래요, 그러면 엄마나 아빠를 도와드리거나 다른 일을 통해서 용돈을 받아본 적이 있나요?

유아 있어요.

유아 엄마 청소할 때 도와드렸는데 용돈 받았어요.

유아 나도 용돈 받은 적 있어요.

교사 그러면 우리 친구들이 받는 용돈에는 아무런 일을 하지 않고도 받는 용돈도 있지만 일을 하고 받는 용돈도 있어요. 그래서 우리 친구들도 돈을 벌 수가 있어요. 어떻게 하면 돈을 벌 수 있는지 생각해 보아요.

유아 엄마 빨래를 널 때 같이 도와요.

유아 설거지 할 때 그릇을 정리해요.

유아 아빠 심부름을 해요.

유아 청소를 해요.

아이들이 스스로 용돈을 벌 수 있는 방법을 생각해 보도록 하였고 추후 활동으로 용돈 기입장을 만들어서 가정에서 매일 기록하고 용돈관리를 할 수 있도록 했다.

엄마가 설거지 할 때 같이 해요.

빨래를 예쁘게 접어요.

미술활동 - 용돈 기입장 만들기

활동 | 1-19

돈을 바르게 사용해요.

▶ 돈을 아껴 쓰고 바르게 사용하는 법에 대하여 알아보았다.

교사 우리는 어제 돈을 벌 수 있는 방법에 대하여 알아보았는데 용돈을 받으면 내가 사고 싶은 것도 마음대로 살 수 있고 먹을 것도 먹을 수 있어요. 하지만 우리가 번 돈이라고 해서 아무렇게나 사용하면 될까요?

유아 안돼요.

유아 아껴서 써야 해요.

교사 그래요. 그래서 우리가 번 돈을 바르게 사용하려면 어떻게 해야 하는지 이야기 나누어 보아요.

유아 돈을 저금하거나 저금통에 넣어요.

유아 용돈을 받으면 용돈 기입장에 기록해요.

교사 지난 시간에 우리가 만든 용돈 기입장을 집에서 적어 본 친구 있나요?

유아 네.

유아 어제 엄마 청소할 때 도와드려서 용돈을 받아서 기록했어요.

교사 앞으로는 수선화반 모두가 용돈 기입장을 잘 기록해서 아껴 쓰고 바르게 돈을 사용하면 좋을 것 같아요.

- 용돈을 벌고 용돈 기입장에 기록하는 습관을 꾸준히 가져 바르게 돈을 사용할 수 있도록 이야기 나누었다.

저금을 해요.

용돈 기입장을 열심히 써요.

활동 | 1-20

은행은 무엇을 하는 곳일까요?

▶ 은행이 하는 일에 대하여 알아보기로 하였다.

교사 우리 주변에 여러 가지 은행들이 있어요.
유아 농협에 가봤어요.
유아 새마을 금고도 있어요.
교사 그러면 은행에서는 어떤 일을 할까요?
유아 저금을 해요.
유아 카드도 만들어요.
유아 은행에서 돈도 바꿔 주는 것을 봤어요.
유아 엄마랑 농협에 갔는데 돈 찾는 것을 봤어요.
유아 통장도 만들 수 있어요.
교사 은행에서 하는 일들을 우리 친구들이 많이 보았는데 은행에서 어떤 일을 하는지 궁금하지요?
유아 네.

➲ 아이들이 은행에서 하는 일을 이야기하면서 은행에 대한 관심을 보였고 궁금한 점들이 생겨서 다음 시간에 은행에 대하여 궁금한 점을 알아보기로 했다.

통장을 만들어요.

돈을 바꿔 주어요.

활동 | 1-21

은행에서 하는 일들이 궁금해요.

▶ 은행에 대하여 궁금한 점을 이야기 나누면서 직접 글로 기록해 보았다.

교사 은행에 대하여 궁금한 점을 이야기해 보기로 해요.

유아 은행에서 저금을 어떻게 하는지 알고 싶어요.

유아 카드를 만드는 방법을 알고 싶어요.

유아 통장을 만드는 방법이 궁금해요.

교사 또 어떤 점이 궁금해요?

유아 은행에 돈은 어디에 있는지 알고 싶어요.

교사 은행에 대하여 궁금한 것들이 많은 것 같아요. 가족별로 궁금한 점을 이야기하면서 기록해 두었다가 다음시간에 은행에 가서 궁금한 점들을 알아보기로 해요.

➲ 은행에 대하여 궁금한 점을 종이에 기록하면서 빨리 은행에 가서 알아보고 싶다는 이야기들을 하였다.

활동 | 1-22

은행 견학하기

▶ 사전에 연락된 어린이집 주변에 위치한 새마을 금고로 찾아가서 궁금한 점과 은행이 하는 일에 대하여 알아보았다.

직원 여기가 어딘지 알아요?

유아 새마을 금고예요.

직원 맞아요, 여기는 새마을 금고예요. 엄마, 아빠가 열심히 일을 해서 번 돈을 저금을 하기도 하고 돈이 필요한 사람들이 돈을 찾거나 은행에서 돈을 빌려 주기도 해요. 그리고 친구들도 직접 통장을 만들 수가 있어요.

직원 그러면 은행에 대해서 어떤 점이 궁금해요?

유아 은행에서는 돈을 어디에 보관하나요?

직원 사람들이 저금한 돈이나 은행에서 갖고 있는 돈은 여기 앞에 보면 큰 문이 있지요?

유아 네.

직원 바로 저곳이 금고인데요, 저곳에다가 안전하게 돈을 보관해 두어요.

유아 통장은 어떻게 만들어요?

직원 통장은 어른들의 경우에는 주민등록증과 도장을 가지고 오면 만들 수 있고요, 너희들도 너희 이름이 있는 주민등록 등본이라는 것을 가지고 오면 직접 만들 수 있어요.

직접 은행에 방문하여 궁금해하던 점들도 물어보고 답변도 들으면서 기록하는 시간을 가졌다. 그리고 현금자동인출기로 가서 기계의 사용법과 기능에 대하여서도 알아보며 은행에 대하여 조사하는 시간을 가졌다.

은행 직원분들과 이야기 나누기

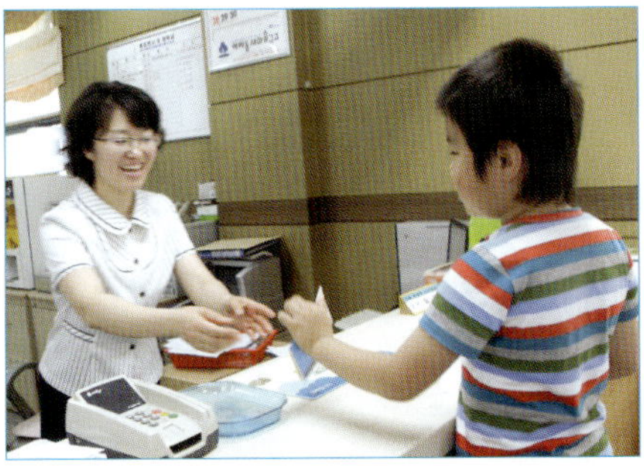

저금하기

궁금한 점 알아보기

현금자동인출기 사용법

활동 | 1-23

은행에 다녀왔어요(그룹토의).

▶ 은행에서 직접 보고 들은 것들을 이야기 나누고 은행에 대하여 신문을 만들기로 하였다.

교사 은행에 직접 가보았는데 은행에서는 무엇을 하나요?

유아 저금도 하고 통장과 카드도 만들어 주어요.

교사 그렇구나. 또 무엇을 할까요?

유아 돈을 찾는 것도 할 수 있고 오랫동안 돈을 맡길 수도 있어요.

유아 은행에서 돈을 빌리기도 해요.

교사 그래요, 그러면 또 새마을 금고에서 선생님이 현금자동인출기라는 기계에 대하여 이야기해 주었는데 생각나요?

유아 네, 그곳에서 돈을 직접 찾을 수도 있어요.

유아 비밀번호를 눌러야 해요.

유아 비밀번호는 다른 사람에게 알려주면 안 되는 거예요.

교사 그래요, 은행에 직접 가지 않고 기계를 이용해서도 돈을 찾거나 저금도 할 수 있어요. 그러면 지금부터 우리 친구들이 조사한 것을 가족별로 이야기 나누고 은행에 대한 신문을 만들어 보아요.

➲ 그룹별로 은행에 대하여 조사한 내용들을 가지고 은행 신문을 만들었고 은행에 대하여 많은 것을 알게 되어 좋아하는 모습을 보았다.

"은행에서 현금자동인출기도 봤지?"

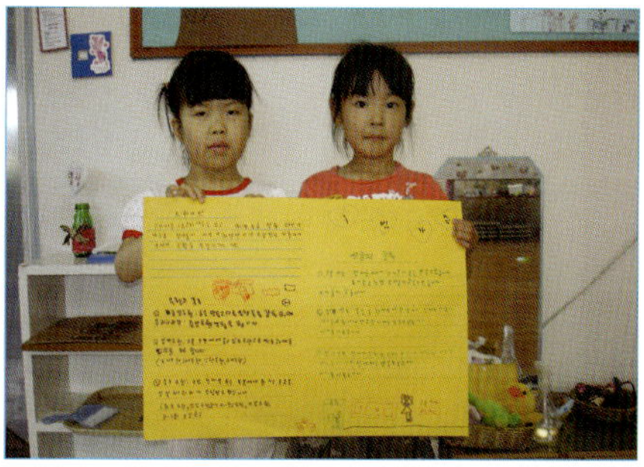

"은행에서 하는 일을 조사했습니다."

활동 | 1-24

돈을 사용하는 곳을 알아보아요.

▶ 돈을 사용하는 곳에 대하여 알아보고 돈의 쓰임새에 대하여 관심을 갖도록 하였다.

교사 돈은 어디에 사용할까요?
유아 엄마, 아빠가 물건을 살 때 돈을 내고 사요.
유아 과자를 사먹을 때 돈을 사용해요.
유아 저금을 할 때 돈을 사용해요.
유아 맞아요. 돼지저금통에도 저금할 수 있어요.
교사 그렇구나. 또 어떤 곳에서 돈을 사용하는 것 같아요?
유아 마트에 가서 돈을 써요.
유아 시장에 가서 엄마가 돈을 주고 바나나를 샀어요.

➲ 아이들이 필요한 물건을 사기 위해서 돈을 사용하기도 하지만 다른 곳에도 돈이 사용되고 있음을 알고 있었다.

저금을 할 때 돈을 사용해요.

문구점에서 장난감을 살 때 돈을 사용했어요.

활동 | 1-25

마트에서 경험한 것들을 이야기 나누어 보아요.

▶ 아이들이 주변에서 경험한 마트에 대해 이야기를 나누면서 돈과 관계있는 것을 생각해 보았다.

교사 마트에 가본 적이 있어요?
유아 네, 아빠랑 같이 갔어요.
유아 엄마랑 갔어요.
교사 마트에 가서 무엇을 했어요?
유아 아줌마가 음식을 만들어서 먹어 보라고 해서 먹었어요.
유아 여러 가지 물건을 봤어요.
유아 아빠가 나를 카트에 태워 줬어요.
유아 카드로 계산하는 것을 봤어요.
유아 영수증도 받았어요.
유아 과자를 샀어요.
유아 엄마가 야채도 사고 음료수도 샀어요.

➲ 아이들이 마트에서 본 것들에 대하여 이야기를 나눌 때 적극적으로 참여하는 것을 보았다.

이마트에서 사탕, 김, 우유를 사서 계산했어요.

아줌마가 음식을 맛보라고 해서 먹었어요.

활동 | 1-26

우리가 할 수 있는 요리활동에 대하여 알아보아요.

▶ 아이들과 요리활동을 통해 경제 활동을 경험해 볼 수 있도록 하기 위해 요리활동 계획을 했다.

교사 오늘은 수선화반 모두가 할 수 있는 요리활동을 정해서 직접 그 재료를 구입해 보려고 해요.
여러분들이 꼭 만들고 싶거나 먹어 보고 싶은 요리에는 어떤 것들이 있어요?

유아 떡볶이가 먹고 싶어요.

유아 김밥을 만들고 싶어요.

유아 나는 유부초밥을 만들고 싶어요.

유아 카레를 만들고 싶어요.

유아 핫도그를 먹고 싶어요.

유아 떡꼬치도 맛있어요.

유아 자장면을 만들어서 먹고 싶어요.

교사 지금 여러 가지 요리들을 다 만들고 싶은데 우리는 그 중에서 한 가지 요리를 선택해서 만들어야 해요. 만들고 싶거나, 먹고 싶은 요리에 스티커를 붙이기로 해요.

유아 네.

(그래프에 스티커 붙이기를 하자 떡꼬치에 스티커가 가장 많이 붙여졌고 아이들의 의견에 따라 떡꼬치를 만들기로 결정했다.)

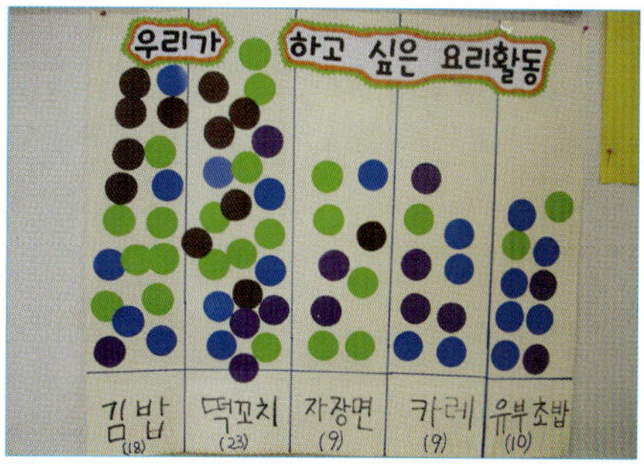

요리활동 정하기

교사 너희들이 직접 음식을 투표해 보았는데 어느 음식에 가장 많은 스티커가 붙어 있나요?

유아 떡꼬치요.

교사 그러면 우리가 직접 떡꼬치를 만들어 보기로 해요. 떡꼬치를 어떻게 만들면 좋을까요?

유아 떡을 끼워서 만들어야 돼요.

유아 피자 맛이 나게 해요.

유아 맞아, 피자처럼 피자 맛이 나게 만들면 맛있겠어요.

교사 그러면 피자 떡꼬치를 만들까요?

유아 네.

교사 어떤 재료가 있어야 할까요?

유아 떡이 있어야 해요.

유아 피자가루도 필요해요.

유아 떡을 끼울 나무꼬치도 필요해요.

교사 그러면 다음 시간에 필요한 재료를 마트에 가서 직접 사보기로 해요.

➲ 요리 그래프에 아이들이 적극적으로 스티커를 붙이며 만들고 싶은 요리를 선택하였고 결과에 따라 떡꼬치를 만들기로 했다. 그리고 어떤 방법으로 떡꼬치를 만들 것인지와 요리 재료를 정하였다.

활동 | 1-27

마트에 대하여 궁금한 점이 있어요.

▶ 마트에 가기 전 궁금한 점에 대하여 이야기를 나누었다.

교사 마트에 대하여 궁금한 점을 알아보려고 해요. 우리 친구들이 마트에 갔을 때 본 것이나 들은 것들 중에서 궁금했던 점들이 있었어요?

유아 음식을 파는 곳에서 아줌마가 음식을 먹어보라고 했는데 왜 그런지 궁금해요.

유아 마트에서 시장볼 때 미는 거(카드)가 많은데 왜 많이 있는지 궁금해요.

유아 마트에서는 물건 값이 왜 싼지 궁금해요.

교사 궁금한 것들이 많구나. 또 어떤 점들이 궁금해요?

유아 마트에서 아저씨나 아줌마가 무전기 같은 걸로 이야기를 하는데 왜 그렇게 하는지 알고 싶어요.

교사 그러면 우리 친구들이 궁금한 점들을 모아서 마트에 가서 궁금한 점에 대하여 알아보고 우리가 직접 피자 떡꼬치 요리활동 재료들도 구입하기로 해요.

➲ 궁금한 점들을 하나씩 이야기해 보면서 빨리 마트에 가서 요리 재료도 사고 궁금한 점도 알아보고 싶다고 말하는 아이들의 모습을 볼 수 있었다.

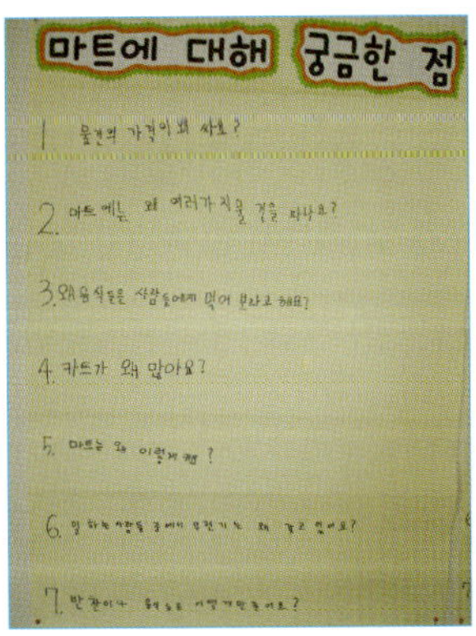

➡

● 마트에 대하여 궁금한 점 ●

1. 물선의 가격이 왜 싸요?
2. 마트에는 왜 여러 가지 물건을 파나요?
3. 왜 음식들을 사람들에게 먹어 보라고 해요?
4. 카트가 왜 많아요?
5. 마트는 왜 이렇게 커요?

…

활동 | 1-28

마트 견학(서귀포시 ◯◯마트)

▶ 마트에 직접 가서 피자 떡꼬치를 만들 때 필요한 요리활동 재료도 구입하고 마트에 대하여 궁금한 점도 조사하기로 했다.

교사 우리가 구입할 재료들이 어디에 있는지 찾아보도록 해요.

유아 선생님 여기 햄 있어요.

유아 떡도 필요해요.

유아 여기 어묵도 있어요.

"떡이 어디 있을까?"

"영수증을 받아요."

(아이들이 직접 재료를 고르고 구입한 후 직원분께 궁금한 점을 물어보며 조사했다.)

교사 우리 친구들이 마트에 대하여 궁금해했던 점들을 이곳에서 일하시는 분께 직접 물어보기로 해요.

직원 안녕하세요, 여기는 서귀포 ◯◯마트입니다. ◯◯마트에서는 손님들이 필요로 하는 다양한 물건을 많이 준비하고 있습니다. ◯◯마트에 대하여 궁금한 것들을 하나씩 질문하세요. 아저씨가 대답해 줄게요.

유아 마트 안에서 음식을 왜 먹어 보라고 하나요?

직원 손님들이 직접 맛을 보고 사면 더욱 믿음이 가고, 맛도 미리 보게 해서 어떤 맛인지 알고, 그럼으로써 음식을 많이 팔려고 해요.

유아 ○○마트에는 왜 여러 가지 물건이 많아요?

직원 사람들이 찾고자 하는 물건들이 다양하기 때문에 손님들의 다양성을 만족시키기 위해서 여러 가지 물건을 준비해 두고 있습니다.

유아 마트의 물건은 왜 싸요?

직원 중간에 거치는 유통경로가 없기 때문에 교통비와 인건비가 줄어들어서 마트에서 파는 물건을 싸게 살 수 있어요.

유아 마트에는 카트가 왜 많아요?

직원 손님들이 물건을 사서 들고 다니려면 힘이 들기 때문에 카트를 밀면서 시장을 볼 수 있도록 도와주는 거예요.

유아 왜 아저씨들이 마트에서 무전기를 들고 다녀요?

직원 마트에서 일하는 직원들은 아주 많이 있습니다. 그리고 여러 장소에서 자신의 역할을 하는데 전달사항이나 급한 일이 있을 때에는 무전기를 통해 서로 연락을 하고 손님들이 불편한 사항이 없도록 합니다. 그리고 손님들이 즐겁게 쇼핑을 할 수 있도록 하기 위하여 무전기를 이용하고 있습니다.

유아 궁금한 점을 알려 주셔서 고맙습니다.

- 마트에서 직접 필요한 요리활동 재료도 구입하고 마트에서 일하시는 분께 마트에 대하여 궁금했던 점들도 알아볼 수 있어 좋은 경험이 되었다. 마트에 대

하여 좀 더 알게 되어서 아이들도 좋아했다. 그리고 어린이집으로 돌아와서 조사한 내용을 정리하였다.

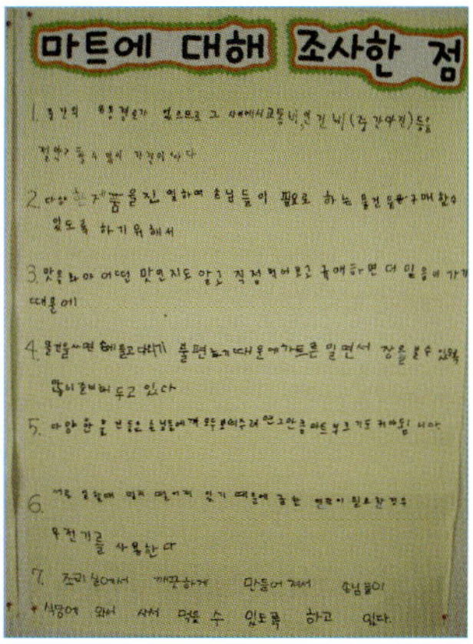

마트에 대하여 조사한 점

1. 중간의 유통경로가 없으므로 그 사이에서 교통비, 인건비 등을 절약할 수 있어 가격이 싸다.
2. 다양한 제품을 진열하여 손님들이 필요로 하는 물건들을 구매할 수 있도록 하기 위해서
3. 맛을 봐야 어떤 맛인지 알고 직접 먹어보고 구매하면 더 믿음이 가기 때문에

…

활동 | 1-29

요리활동 하기

▶ 직접 구입한 재료를 가지고 피자 떡꼬치를 만들었다.

교사 오늘은 지난번에 마트에 가서 직접 구입한 재료를 가지고 요리활동을 할 거예요. 어떤 요리를 만들기로 했나요?

유아 피자 떡꼬치요!!

교사 맞아요, 떡꼬치를 만들기 위해서 어떤 재료들을 샀나요?

유아 어묵이요.

유아 맛살도 샀어요.

유아 메추리알이요.

유아 떡이요!!

교사 자 그러면 지금부터 선생님의 설명을 듣고 요리활동을 시작해 보아요. 여기 나무 꼬치에다가 준비된 어묵이랑 메추리알, 떡, 햄, 맛살을 이렇게 차례대로 끼우면 돼요. 할 수 있겠죠?

유아 네.

➡ 요리활동에 적극적으로 참여하고 친구들과 함께 완성된 요리 맛을 보고 "선생님 정말 맛있어요."라고 말하며 좋아했다. 그리고 집에 가서 엄마랑 함께 만들어 보고 싶다고 이야기하기도 했다.

피자 떡꼬치 만들기

1. 삶은 메추리알 껍질을 벗기고 햄과 어묵을 썬다.

2. 나무꽂이에 메추리알, 햄, 떡, 어묵을 꽂는다.

3. 떡꼬치에 소스를 바르고 피자 가루를 뿌린 다음 후라이팬에 넣고 3~4분 후 꺼낸다.

활동 | 1-30

요리활동을 하고 나서 느낀 점이 있어요.

▶ 요리를 하고 나서 아이들의 느낀 점에 대하여 이야기를 나누었다.

교사 어제 피자 떡꼬치를 만들어 보았는데 느낀 점을 한 명씩 이야기해 보기로 해요.

유아 나무에 떡이랑 어묵을 꽂으니까 재미있었어요.

유아 우리가 만들어서 먹으니까 맛있었어요.

교사 또 어떤 점이 좋았나요?

유아 우리가 직접 구입한 재료로 만들어서 좋았어요.

교사 그렇구나. 그러면 아쉬운 점은 없었나요?

유아 다음에는 많이 만들어서 동생들에게 나눠 주고 싶어요.

교사 우리 친구들이 동생들에게 요리를 나누어 줄 수 없어서 미안해하고 있구나. 참 아름다운 마음에 선생님이 박수를 보내요.

유아 다음에 또 우리가 구입한 재료로 요리를 만들어서 모두가 함께 먹어요.

➲ 요리활동이 재미있고 즐거웠으면서도 동생들과 함께 나누어 먹지 못한 미안함을 갖고 있는 우리 아이들의 따뜻한 마음이 흐르는 시간이었다.

"피자 떡꼬치가 정말 맛있었어!!"

내가 만든 떡꼬치가 맛있었어요.

활동 | 1-31

시장에 대하여 궁금한 점이 있어요.

▶ 시장에 대하여 궁금한 점을 이야기 나누었다.

교사 시장에 가본 적 있나요?

유아 네, 엄마랑 가봤어요.

유아 할머니랑 가봤어요.

교사 시장에 가서 무엇을 했나요?

유아 야채도 사고 과일도 샀어요.

유아 꼬치를 사먹었어요.

유아 생선을 샀어요.

교사 그랬었구나. 다들 시장에 가본 경험이 있네요. 그러면 시장에 가서 본 것 중에서 신기했다거나 궁금했던 점은 없었나요?

유아 여러 가지 음식을 왜 파는지 궁금해요.

유아 어떻게 가격을 깎을 수(할인) 있는지 궁금해요.

교사 또 시장에 대하여 궁금한 점이 있나요?

유아 시장은 왜 밖에서 물건을 파는지 알고 싶어요.

유아 물건을 파는 사람들이 왜 과일이나 야채를 더 주는지 궁금해요.

유아 여러 가지 물건을 왜 파는지 알고 싶어요.

교사 와~ 너희들이 궁금해하는 점들이 많이 있구나. 그러면 너희들이 궁금해하는 점들을 직접 집에 가서 알아 오기로 해요.

➲ 궁금한 점은 집에 가서 부모님과 함께 직접 알아 오기로 하였다.

활동 | 1-32

시장 견학

▶ 아이들이 직접 시장에 대하여 경험할 수 있도록 하였다.

교사 시장에 대하여 궁금한 것들을 알아보았어요?

유아 네.

교사 그럼 시장에 대해서 궁금한 것들 중에 집에서 알아온 것과 알아오지 못한 것들에 대해 자세히 알기 위해 시장으로 나가 볼까요?

유아 네.

(시장에 도착해서)

유아 선생님 저기 그릇도 팔아요.

유아 옷이랑 과일도 있어요.

교사 자 얘들아, 시장에서 어떤 것들을 팔고 있는지 잘 살펴보아요.

(아이들은 메모지에 적는다.)

유아 시장에는 왜 가게 말고 밖에서 물건을 팔아요?

주인아저씨 여기는 5일 시장이어서 계속 장소를 옮기면서 손님들을 찾아가야 합니다. 그렇기 때문에 이렇게 정해진 곳에서 장사를 합니다.

유아 시장에는 왜 이렇게 여러 가지 물건을 많이 팔아요?

주인아주머니 손님들이 찾는 물건이 다양해져서 시장에서도 옷, 꽃 등 여러 가지를 팔고 있습니다.

아이들이 직접 멸치 구입하는 체험을 했는데 직접 맛도 보고 "깎아 주세요.", "더 주세요."라고 이야기하자 아주머니께서 덤으로 멸치를 주셨다. 이것을 받고 아이들이 좋아했다.

"자 이 멸치도 보세요~!!"

"멸치 정말 맛있지?"

활동 | 1-33

시장에 다녀왔어요(느낀 점과 궁금한 점 토의).

▶ 시장에서 보고 들은 것에 대하여 이야기를 나누고 시장에서 보고 느낀 것을 토의하는 시간을 가졌다.

교사 시장에 다녀온 느낌이 어땠어요?

유아 여러 가지 물건을 팔고 있어서 재미있었어요.

유아 직접 멸치도 구입하고 맛도 봐서 좋았어요.

교사 또 시장에서 본 것이나 느낀 점이 있나요?

유아 사람들이 많이 있었어요.

유아 주인아저씨가 오이 사세요~ 하고 외쳐서 재미있었어요.

유아 우리가 멸치를 살 때 "더 주세요."라고 말하니까 아주머니가 비닐봉지에 멸치를 더 넣어 주셨어요.

교사 맞아요, 그것을 무엇이라고 했나요?

유아 덤이요!!

교사 그리고 시장에서는 가격을 깎기도 한다고 했어요. 너희들이 궁금했던 것도 조사해 보았는데 어떤 것을 알게 되었나요?

유아 시장은 매일 열리는 것도 있고 5일마다 열리는 장도 있어요.

유아 주인들은 돌아다니면서 장사를 하니까 밖에서 장사를 하는 거예요.

➲ 시장에 대하여 느낀 점을 그림과 글로 표현해 보고 집에서 조사한 것과 시장에서 알게 된 궁금한 점을 다시 한 번 이야기 나누었다. 그리고 NIE활동으로 '시장바구니 꾸미기'를 하면서 시장에서 팔고 있는 것을 다시 한 번 생각해 볼 수 있었다.

멸치를 덤으로 주니까 좋았어요.

NIE활동 '시장바구니를 꾸며요.'

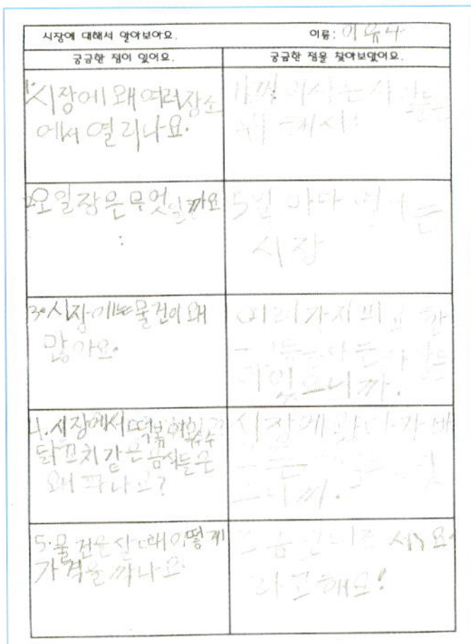

시장에 대하여 조사한 내용

활동 | 1-34

마트와 시장 비교하기

▶ 그동안 조사한 마트와 시장을 비교해 보면서 같은 점과 다른 점이 무엇인지 알아보았다.

교사 마트와 시장을 비교해 보기 위해 시장과 마트의 같은 점과 또 다른 점을 알아보기로 해요. 시장과 마트의 같은 점은 무엇일까요?
유아 사람들이 많아요.
유아 물건들이 있어요.
유아 돈을 주고 물건을 사요.
교사 그러면 마트와 시장의 다른 점은 무엇이 있을까요?
유아 마트에서 카드로 계산해요.
유아 마트에는 카트가 있어요.
유아 기계에서 영수증을 뽑아서 받아요.
유아 상자를 만들어서 물건을 담을 수 있어요.
교사 그러면 시장에서만 볼 수 있는 것은 무엇일까요?
유아 할머니 주인도 있어요.
유아 덤으로 더 주어요.
유아 그래서 우리도 멸치를 한 봉지 더 받아왔어요.
유아 우리가 '깎아 주세요' 라고 말할 수 있어요.

➡ 마트와 시장을 비교해 보고 벤다이어그램에 글로 적어 보았는데 아이들이 시장과 마트의 같은 점과 다른 점에 대하여 잘 알고 있었다.

마트와 시장 비교하기

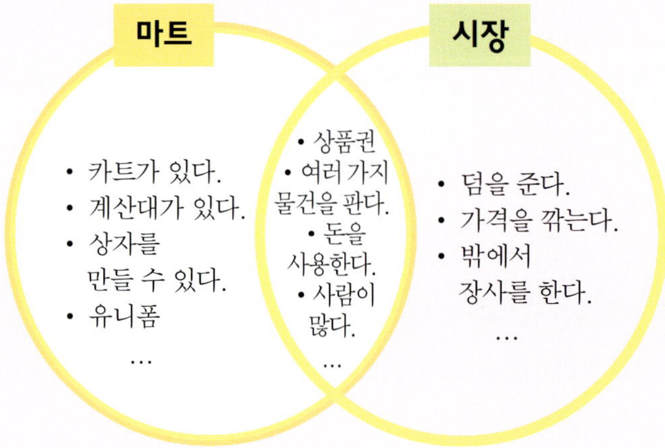

마트와 시장의 같은 점과 다른 점

활동 | 1-35

경제 캠프를 준비해요.

▶ 여름캠프의 주제에 대하여 이야기 나누고 아이들의 역할에 대하여 알아보기로 했다.

교사 시장과 마트에서 본 것처럼 우리도 캠프에 가서 시장 역할을 해보면 어떨까요?

유아 네, 좋아요!!

교사 시장 역할을 어떻게 하면 좋을까요?

유아 우리가 물건을 만들어서 시장에 가서 팔아요.

교사 어떤 물건을 만들까요?

유아 종이를 접어서 티슈케이스를 만들어요.

유아 맛있는 햄버거를 만들어서 팔아요.

유아 머리핀을 만들어요.

교사 그러면 우리가 물건을 다 만들 수는 없으니까 가장 많은 표를 받는 물건을 만들기로 해요.

(티슈케이스가 가장 많은 투표를 얻어서 만들기로 했다.)

교사 물건을 만들어서 누구에게 팔고 싶어요?

유아 시장에 가서 사람들에게 티슈케이스 사세요! 하고 소리칠 거예요.

교사 그러면 캠프에서 만들 티슈케이스를 어떻게 만들 것인지 생각해 보기로 해요.

(아이들과 티슈케이스 만드는 방법에 대하여 알아보고 연습 종이로 접어 본다.)

티슈케이스 접기 준비물: 25×25 크기 종이2장, 25×8 종이 2장, 25×6 종이 2장			
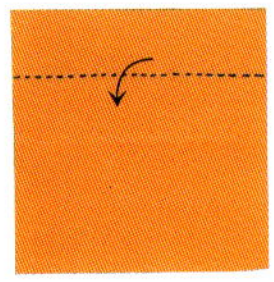	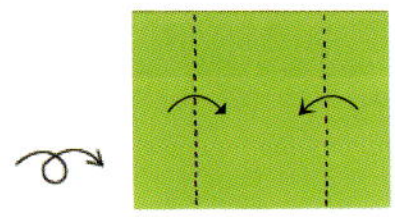	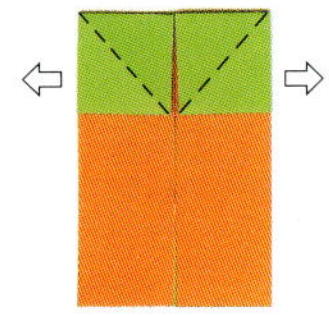	
1. 점선을 따라 종이를 접는다.	2. 뒤집어서 점선을 따라 접는다.	3. 화살표 방향으로 벌리며 접는다.	4. 같은 모양을 12장 접는다.
	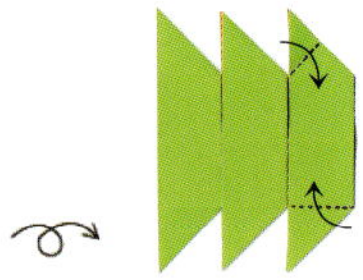	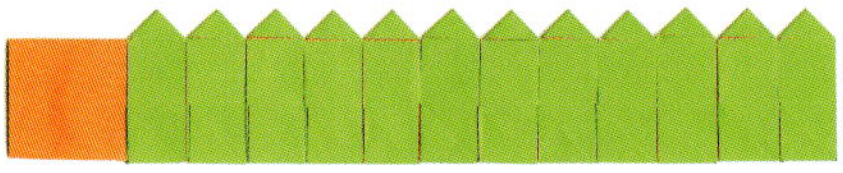	
5. 12장을 풀칠하여 이어서 붙인다.	6. 점선을 따라서 위, 아래 모두 접는다.	7. 모두 접으면 이와 같이 된다.	
			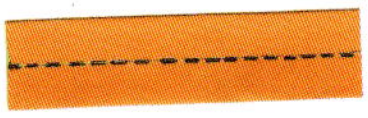
8. 세워서 끝부분이 만나도록 한다.	9. 티슈케이스 틀을 완성한다.	10. 점선을 따라 대문접기를 한다.	11. 점선을 따라 접는다.
	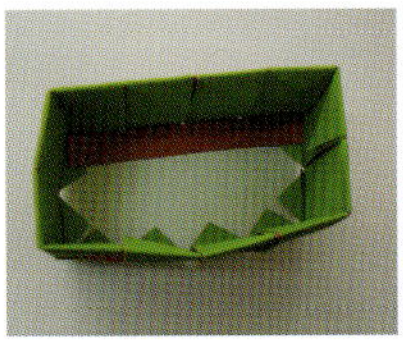		
12. 풀칠해서 붙이고 받침대를 만든다.	13. 틀 속에 받침대를 붙인다.	14. 티슈케이스 완성	

(만들기 방법을 알고 난 후)

교사 우리가 만든 물건을 직접 팔아야 하는데 우리가 직접 주인이 되는 거예요. 어떻게 하면 우리가 만든 티슈케이스를 잘 판매할 수 있을까요?

유아 '우리가 열심히 만들었으니까 사주세요.' 라고 이야기해요.

유아 티슈케이스를 사용하면 기분이 좋아진다고 말해요.

유아 '예쁜 종이로 만들었어요' 라고 이야기하면서 티슈케이스를 팔아요.

유아 우리가 만든 물건을 잘 설명해 드려야 해요.

교사 그렇구나. 그러면 우리가 만든 티슈케이스는 얼마에 팔아야 할까요?

유아 1,000원이요.

유아 2,000원이요.

교사 그런데 우리가 티슈케이스를 만들려면 총 4,000원의 재료비가 들어요. 1,000원이나 2,000원 등에 팔면 우리가 손해를 보게 되는 거예요. 재료 값보다 더 많이 받아야 하는데 얼마를 받으면 좋을까요?

유아 5,000원이요.

유아 맞아요, 5,000원이면 4,000원보다 많아서 1,000원이 남아요.

교사 모두 5,000원에 팔면 좋을 것 같아요?

유아 네.

➡ 캠프에 가서 아이들이 하게 될 역할에 대하여 즐거워했고, 빨리 캠프에 가서 티슈케이스를 만들고 직접 팔고 싶다고 이야기하며 설레여 하는 모습도 보았다.

활동 | 1-36

경제 캠프

▶ 아이들이 직접 티슈케이스를 만들고 판매하기로 한 후 티슈케이스 만들기를 했다.

(티슈케이스를 만들고 난 후)

교사 이제 사람들에게 직접 우리가 만든 티슈케이스를 팔 거예요. 우리가 생각했던 구호를 외치면서 사람들에게 물건을 모두 팔기로 해요.

유아 네.

유아 우리가 직접 만든 티슈케이스예요, 한 개에 5,000원입니다. 예쁜 티슈케이스입니다. 빨리 사가세요.

교사 와~ 너희들이 직접 만든 거야?

유아 네. 예쁘죠?

교사 그래, 한 개만 주세요.

유아 네, 여기 있어요. 5,000원입니다.

"우리가 돈을 벌었어요!"

➲ 아이들이 직접 티슈케이스를 만들고 판매하는 과정에서 힘들기도 했지만 뿌듯함을 느꼈다.

"열심히 접어서 예쁜 티슈케이스를 만들거야."

"티슈케이스 완성!!"

활동 | 1-37

경제 캠프를 다녀왔어요(느낀 점, 수익금 알고 저금).

▶ 경제 캠프에서 느꼈던 점과 우리가 번 돈을 어떻게 하면 좋을지에 대하여 이야기를 나누었다.

교사 경제 캠프를 다녀왔는데 무엇이 생각나요?
유아 우리가 직접 티슈케이스를 만들어서 좋았어요.
유아 티슈케이스를 만들 때 조금 힘들었어요.
유아 티슈케이스를 보고 손님들이 예쁘다고 해주어서 기분이 좋았어요.
교사 그렇구나. 또 너희들이 손님들에게 물건을 팔 때는 어땠어요?
유아 우리가 만든 것을 사주시니까 기분이 좋았어요.
유아 직접 돈을 벌어보니까 좋았어요.
교사 그래요. 그러면 너희들이 함께 힘들게 만들어서 판매한 티슈케이스가 모두 14개예요. 여기에서 한 개당 5,000원에 팔았는데 우리가 티슈케이스를 만드는 재료비가 4,000원이 들어갔기 때문에 실제로 우리가 번 수익금은 한 개에 1,000원이 되는 거예요. 그러면 우리는 총 14개를 팔았기 때문에 총 14,000원의 수익금이 생겼답니다.
유아 와 14,000원이요?
교사 네, 그리고 햄버거의 이익금은 20,000원, 머리핀의 이익금은 30,000원, 머리빗과 거울의 이익금은 20,000원이에요. 모두 합쳐서 84,000원의 수익금이 생겼답니다.
유아 와~ 84,000원!! 많이 벌었다!!
교사 네, 그러면 우리가 번 돈은 어떻게 하면 좋을까요?
유아 저금해요.
유아 어려운 사람들을 도와줘요.
교사 와~ 수선화반 친구들이 좋은 생각을 하고 있구나. 그러면 경제 프로젝트가 끝날 때 우리가 번 수익금을 좋은 일에 사용하기로 하고 그때까지 통장에 저금을 하면 어떨까요?

유아 네.

(아이들과 직접 은행에 가서 수익금을 저금한다.)

➡ 자신들이 힘들게 번 돈을 좋은 일에 사용하자고 이야기하는 아이들의 모습에서 따뜻한 사랑을 느꼈다. 아이들은 은행에 가서 수익금을 저금하고 오면서 뿌듯해 하였다.

"46,000원 저금할 거예요."

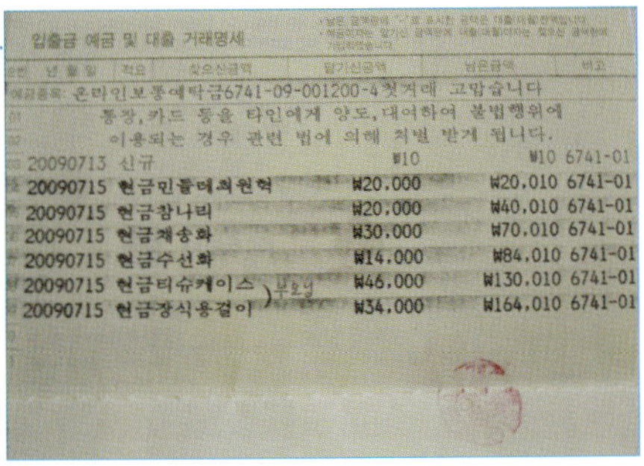

동생들과 함께 수익금도 저금

활동 | 1-38

손님과 주인 역할을 해보았어요.

▶ 아이들이 그동안 마트에 가서 물건을 살 때 경험한 손님의 역할과 여름 캠프에서 손님에게 직접 물건을 팔아 보는 주인 역할을 하면서 느낀 점을 이야기 나누었다.

교사 우리가 직접 손님이 되어서 마트와 시장에 가서 물건을 사보기도 했고 이번 여름 캠프에서는 우리가 만든 티슈케이스를 직접 판매하는 주인의 역할도 해보았어요. 그 역할을 해보면서 어떤 점을 느꼈나요?

유아 손님일 때에는 여러 가지 물건도 직접 사보고 영수증도 받아서 기분이 좋았어요.

유아 물건을 살 때 친절하게 설명해 주고 모르는 것이 있으면 물어볼 수 있어요.

교사 그러면 주인 역할을 할 때는 어땠어요?

유아 우리가 직접 만든 티슈케이스가 예뻐서 좋았어요.

유아 손님에게 팔 때 조금 힘들기도 했어요.

유아 돈을 벌어서 좋았어요.

➲ 아이들이 프로젝트 활동 중간 중간 손님으로 마트와 시장에 가서 물건을 구입할 때와 여름 캠프에서 직접 물건을 만들고 주인이 되어서 손님에게 물건을 팔 때의 다른 느낌과 각각의 역할에 대해서 알게 되어 좋았다.

주인이 물건을 팔 때 물건 값을 받아야 해요.

돈을 주고 물건을 사요.

활동 | 1-39

화폐가치와 교환에 대하여 알아보았어요.

▶ 그동안 화폐가치와 교환 활동에서 나누었던 것들에 대해 다시 한 번 이야기 나누었다.

교사 경제 프로젝트를 하면서 첫 번째로 '화폐의 가치와 교환'이라는 주제로 이야기를 나누었는데 그동안 이야기했던 것을 다시 생각해 보고 화폐가치와 교환이 무엇이었는지 이야기 나누어 보아요.

유아 네.

교사 옛날에는 돈이 없어서 어떻게 물건을 사고 팔았나요?

유아 물물교환을 했어요.

교사 맞아요. 물물교환은 어떻게 이루어졌나요?

유아 서로 필요한 물건을 바꾸는 거예요.

교사 지금은 물건을 살 때 무엇이 필요할까?

유아 돈이요.

유아 카드랑 상품권으로도 사요.

교사 그래요, 옛날에는 물건끼리 교환을 했지만 지금은 돈, 카드, 상품권 등으로 물건을 사고 교환할 수 있어요. 지금 우리가 필요한 물건 값은 똑같을까요?

유아 아니요, 비싼 것도 있고 싼 것도 있어요.

교사 그래요, 물건마다 가격이 다르기 때문에 지불하는 돈의 금액도 달라요. 그리고 돈의 종류도 달라요.

유아 100원, 10원, 500원…….

유아 1,000원, 5,000원…….

교사 맞아요, 우리나라에는 여러 종류의 돈이 있는데 이 돈들은 다 똑같을까?

유아 아니요, 10,000원이 큰 돈이에요!!

교사 이처럼 돈은 모양도 다르고 색도 다르지만 돈의 가치도 다른 거예요. 그래서 우리가 물건을 살 때 물건의 값만큼 바른 금액을 내고 사는 거예요.

➲ 아이들과 그동안 알아보았던 화폐가치와 교환에 대하여 다시 한 번 이야기를 나누고 생각해 볼 수 있었던 시간이 되었다.

천원보다 만원의 가치가 높아요.

돈을 많이 내면 더 많은 사과를 살 수 있어요.

2 ⁝ 기회비용

활동 | 2-1

내가 직접 물건을 산 경험에 대하여 이야기 나누기

▶ 아이들이 스스로 물건을 구입해 본 경험을 토대로 이야기를 나누기로 하였다.

교사 직접 물건을 구입했던 경험에 대하여 이야기를 해보도록 해요.
가족과 함께 마트나 시장 같은 곳에 가서 물건을 구입해 본 경험이 있나요?

유아 네.

교사 그렇구나. 어떻게 물건을 구입했나요?

유아 엄마가 돈을 주셔서 아이스크림을 사먹었어요.

유아 나는 용돈 받은 걸로 과자 사먹었어요.

유아 슈퍼에 갔을 때 내가 사고 싶은 과자를 직접 사먹었어요.

교사 엄마나 아빠가 사주시는 것이 아니라 직접 구입해 보니 어떤 생각이 들었나요?

유아 내가 구입해서 좋았어요.

유아 내가 구입하려고 하니까 고민을 했어요.

➲ 대부분의 아이들이 과자를 스스로 구입해 본 경험이 많다는 것을 알 수 있었다. 그리고 문구점에 가서 물건을 사며 곰곰이 생각해 보고 물건을 샀다고 이야기하기도 했다.

"내가 좋아하는 색깔의 신발을 사서 좋았어."

오빠랑 나랑 마음에 드는 아이스크림을 사먹었어요.

활동 | 2-2

내가 선택을 잘했을 때와 못했을 때의 경험에 대하여 이야기 나누기

▶ 아이들이 직접 물건을 구입하면서 느낀 점에 대하여 이야기 나누면서 선택의 중요성을 알아보기로 했다.

교사 물건을 살 때 이것도 사고 싶고 다른 물건도 사고 싶다라는 생각을 해본 적이 있었어요?

유아 슈퍼에 갔을 때 과자도 먹고 싶고 아이스크림도 먹고 싶었어요.

교사 그래서 어떻게 했나요?

유아 더워서 아이스크림을 사먹었어요.

교사 그러면 과자를 포기하고 아이스크림을 먹었는데 그 때의 선택을 잘한 것 같아요?

유아 네, 아이스크림 먹으니까 시원했어요.

교사 그러면 선택을 잘 못했을 때는 어떤 생각이 들었나요?

유아 내가 옷을 골라서 엄마가 사주셨는데 집에 와서 입어 보니까 예쁘지 않아서 속상했어요.

교사 그랬구나. 또 선택을 잘하지 못했을 때가 있었나요?

유아 문구점에서 장난감 칼을 샀는데 집에서 동생과 놀 때 금방 고장이 나서 속상하고 화가 났어요. 여러 가지 칼 중에서 잘 골라야 했었는데 그러지 못했어요.

➲ 아이들이 물건을 사면서 선택을 잘했을 때는 자신이 산 물건이 마음에 들고 기분도 좋았지만 선택을 잘 못했을 때는 후회되고 속상한 마음을 느낄 수가 있었다.

이마트에서 시계를 샀는데
집에 와서 보니까 마음에 안 들어서 속상했어요.

스티커랑 아바타북 중에서
스티커를 사서 잘 사용했어요.

활동 | 2-3

기회비용에 대한 생각 모으기 및 유목화

▶ 기회비용에 대한 생각을 모으고 같은 것끼리 유목화 하기로 했다.

교사 기회비용 하면 무엇이 생각나요?

유아 선택을 잘해야 해요.

유아 선택을 못하면 속상하고 선택을 잘하면 기분이 좋아요.

유아 선택을 할 때는 생각을 해야 해요.

교사 그러면 선생님이 나눠 준 종이에 너희들의 생각을 기록하고 모아서 같은 생각끼리 짝을 찾아 주기로 해요.

유아 네.

➲ 기회비용에 대한 생각을 모으면서 선택이란 단어를 많이 사용하는 것을 볼 수 있었다. 생각 모으기를 한 후 유목화 활동을 하면서 아이들이 기회비용에 대하여 관심을 갖고 활동에 적극적으로 참여하는 모습을 볼 수 있었다.

"선택이 생각나요."

"같은 친구를 찾아 분류해요."

활동 | 2-4

기회비용 주제망 그리기

▶ 유목화 한 것을 가지고 주제망을 그리기로 했다.

교사 오늘은 기회비용 주제망을 그려볼 거예요. 유목화 한 단어들을 종이에 쓰면서 선생님이 준비한 큰 종이에 붙여서 기회비용 주제망을 그려보기로 해요.

유아 네.

유목화 한 단어를 종이에 쓰면서 기회비용 주제망을 만들 수 있도록 했는데, 아이들이 모두 즐겁게 참여하고 주제망을 만드는 과정에서 새로운 생각을 추가하며 가지를 더 뻗어 나갔다.

"모양이라고 써야지."

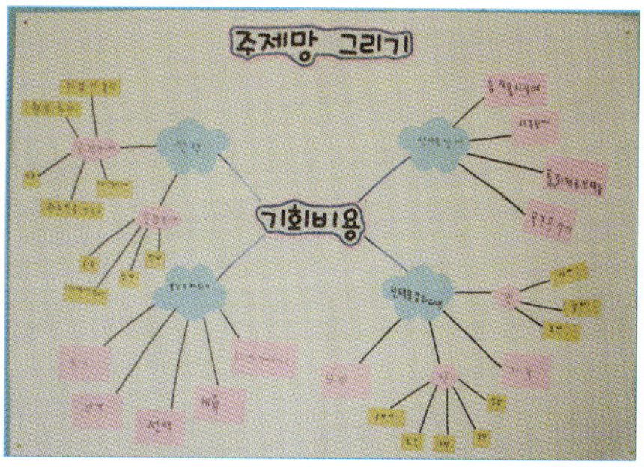

주제망 그리기

기회비용 주제망

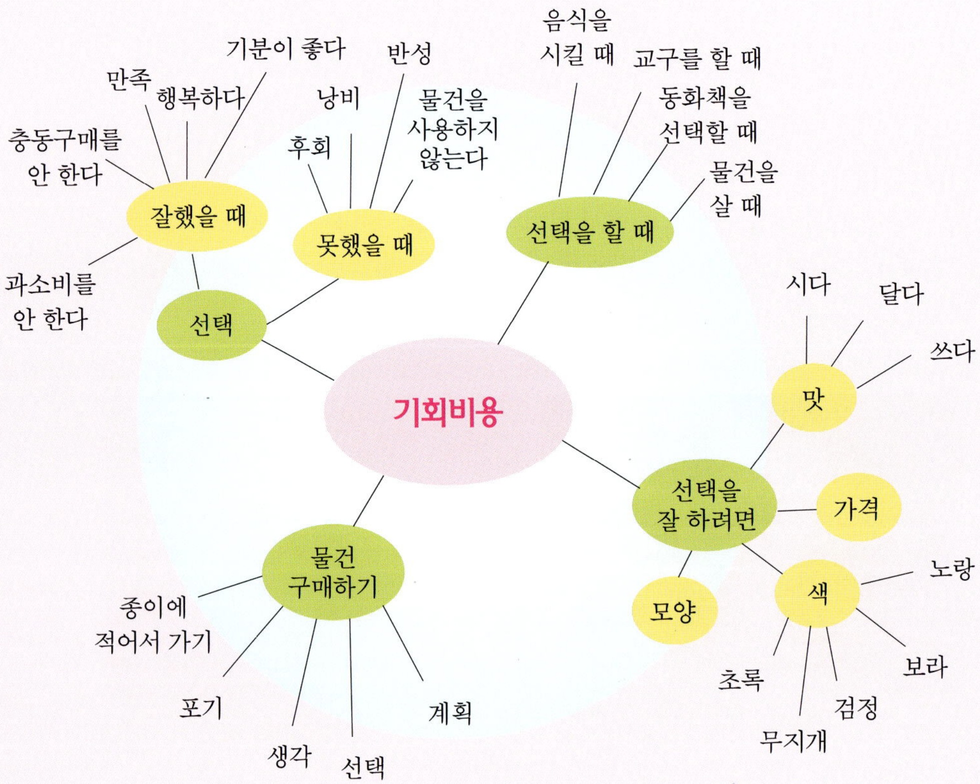
기회비용
선택
잘했을 때
충동구매를 안 한다
만족
행복하다
기분이 좋다
과소비를 안 한다
못했을 때
후회
낭비
반성
물건을 사용하지 않는다
선택을 할 때
음식을 시킬 때
교구를 할 때
동화책을 선택할 때
물건을 살 때
선택을 잘 하려면
맛
시다
달다
쓰다
가격
색
노랑
보라
검정
무지개
초록
모양
물건 구매하기
종이에 적어서 가기
포기
생각
선택
계획

활동 | 2-5

내가 갖고 싶은 것이 있어요.

▶ 아이들이 제일 갖고 싶어 하는 것이 무엇인지 알아보기로 했다.

교사 우리가 직접 시장이나 마트에서 물건을 구입해 본 경험이 있지요?

유아 네.

교사 우리 친구들이 정말로 갖고 싶은 것이 있을 것 같은데 어떤 것을 갖고 싶어요?

유아 장난감이요.

유아 스케치북이요.

유아 나는 옷도 갖고 싶고 샌들도 갖고 싶어요.

유아 예쁜 수영복이요.

교사 왜 그것이 갖고 싶어요?

유아 수첩이 꼭 필요해요. 왜냐하면요, 수첩에 내가 기억해야 할 것을 쓰고 나중에 보면 기억할 수 있으니까 수첩을 갖고 싶어요.

유아 저는 스케치북이 필요해요. 스케치북에 내가 만들고 싶은 옷을 그려서 나중에 디자이너가 되면 만들고 싶어요.

➡ 자신이 필요한 물건이 무엇인지 곰곰이 생각하는 모습에서 신중하게 활동에 참여하는 것을 볼 수 있었다.

"네가 갖고 싶은 것은 뭐야?"
"나는 컴퓨터가 갖고 싶어."

스케치북하고 게임기를 갖고 싶어요.

활동 2-6 우리 가족이 갖고 싶어 하는 것이 있어요.

▶ 가족들이 갖고 싶어 하는 것에 대하여 이야기를 나누었다.

교사 우리가 함께 사는 가족들이 갖고 싶어 하는 것에 대하여 알아보려고 해요. 그래서 선생님이 말한대로 집에 가서 엄마, 아빠 그리고 동생이나 오빠, 언니에게 무엇이 필요한지 알아보았어요?

유아 네.

유아 우리 엄마는 지갑이랑 머리핀이 갖고 싶다고 했어요. 매일 머리를 묶으니까 머리핀이 더 필요하다고 했어요.

유아 우리 아빠는 신발과 가방이 필요하다고 했어요. 그런데 지금은 가방이 더 오래 되어서 가방이 더 필요하다고 했어요.

교사 이렇게 우리 가족들도 필요한 것이 모두 다른 것을 알 수가 있었지요.

유아 네.

➲ 가족들이 여러 가지 물건들 중에서 꼭 필요한 것이 있다는 것을 아이들이 알 수 있었고 선택을 할 때 꼭 필요한 것이 무엇인지 생각을 많이 해야 한다는 것을 알았다.

동생이 동화책을 갖고 싶어 해요.

엄마가 화분을 사고 싶대요.

활동 | 2-7

한 가지만 선택할 수 있어요.

▶ 내가 갖고 싶은 것과 가족이 갖고 싶은 것 중에서 어떤 물건을 살 것인지 생각해 보고 선택하기로 했다.

교사 우리가 갖고 싶어 하는 것과 가족이 갖고 싶어 하는 것 중에서 한 가지만을 선택하고 왜 그것을 선택했는지에 대하여 이야기 나누어 보려고 해요.

유아 저는 우리 할머니가 필요한 그릇을 살 거예요.

유아 내가 갖고 싶은 물건을 꼭 갖고 싶어요. 집에서 혼자 놀 때 있으면 좋을 것 같아요.

유아 저는 우리 엄마가 갖고 싶어 하는 머리핀을 사드리고 싶어요.

유아 나는 우리 동생이 필요한 것을 살 거예요.

➲ 내가 갖고 싶은 물건보다도 가족이 필요한 물건을 살 거라고 이야기하는 아이들이 대견스러웠다.

나는 내가 필요한 것을 사고 싶어요. 왜냐하면 영어단어 쓸 때 공책이 없어서 필요해요.

나는 언니가 필요한 필통을 살 거예요. 왜냐하면 언니의 기분을 좋게 해주고 싶어요.

활동 | 2-8

물건을 잘 사려면 어떻게 해야 할까요?

▶ 물건을 사기 위해서 알아야 할 점을 이야기 나누었다.

교사 모두 우리 가족이 갖고 싶어 하는 것과 내가 갖고 싶어 하는 물건 중에서 한 가지를 선택해 보았는데 우리가 직접 선택한 것을 마트에 가서 구입할 거예요. 그런데 물건을 잘 사려면 어떻게 해야 할까요?

유아 잘 생각해 보고 사야 해요.

유아 물건의 가격을 알아야 해요.

유아 여러 가지 물건 중에서 잘 골라서 사야 해요.

유아 어떤 물건을 살 것인지 종이에 쓰고 가면 좋아요.

유아 맞아요, 그러면 잊어버리지 않겠다.

교사 그런 생각을 했구나. 또 어떻게 하면 물건을 잘 선택해서 살 수 있을까요?

유아 꼭 필요한 물건만 사야 해요.

교사 그러면 우리가 필요한 물건들을 어떻게 구입할까요?

유아 용돈을 모을 거예요.

유아 집에서 일을 해서 돈을 모을 거예요.

교사 멋진 생각들을 했구나!

➲ 물건을 사기 위해서 필요한 과정에 대하여 이해하고 물건 구입비는 직접 집에서 용돈을 벌어 모으기로 했다.

"물건을 살 때 종이에 적고 가면 좋을 것 같아."

잘 선택해서 물건을 사야 돼요.

활동 | 2-9

마트 견학(○○ 마트)

▶ 아이들이 직접 번 용돈을 가지고 물건을 사기 위해서 마트로 갔다.

(마트에 도착하여 사고자 하는 물건이 어디에 있는지 장소를 알아본 후 각 코너별로 가서 아이들이 물건을 구입할 수 있도록 하였다.)

유아 내가 필요한 물건이 여기 있어요.

유아 선생님, 이 색연필은 3,000원이 넘어서 못 사요.

교사 그래, 너희들이 가지고 온 돈은 3,000원이니까 3,000원 이상이 되는 물건은 살 수 없어요.

유아 그러면 이거는 되죠?

교사 얼마라고 되었나요?

유아 2,990원이요.

교사 그러면 살 수 있겠다.

유아 여기 그릇도 있어요.

교사 그래요? 그릇 종류가 많으니까 어떤 것으로 사면 좋을지 잘 생각해서 사면 좋을 것 같아요.

⊃ 색연필 하나를 사려고 할 때에도 여러 종류의 색연필 중에서 가격과 모양 등을 꼼꼼히 살펴보며 한 가지를 신중하게 선택하는 모습을 볼 수 있었다. 구입한 물건의 가격만큼 돈을 지불하고 거스름돈과 영수증을 꼼꼼히 챙겨 받기도 했다.

활동 | 2-10

내가 산 물건에 대하여 이야기 나누기(자기 평가)

▶ 구입한 물건을 집에 가지고 가서 가족들의 평가와 내가 느낀 점에 대하여 이야기를 나누며 자기평가의 시간을 가져 보았다.

교사 어제 산 물건을 모두 집에 가져가서 가족과 함께 보았나요?

유아 네.

유아 저는 언니 필통을 사서 갔는데 언니가 고맙다고 했어요.

교사 그랬구나. 그러면 루시아의 기분이 어땠어요?

유아 정말 좋았어요. 내가 필통을 잘 선택해서 산 것 같아요.

유아 저도 선택을 잘한 것 같아요. 내가 필요한 색연필을 샀는데 집에 가서 사용해 보니 좋았어요.

교사 또 엄마 머리핀을 산 친구는 어땠어요?

유아 내가 산 핀을 엄마께 드렸는데 너무 예뻤어요. 그리고 엄마가 착하다고 칭찬해 주셔서 기분이 좋았어요.

교사 정말 기분이 좋았겠구나.

유아 내가 산 스케치북을 보고 아빠가 예쁜 것으로 잘 사왔다고 이야기해 주셨어요.

유아 할머니께 그릇을 사서 드렸는데 정말 예쁘다고 칭찬을 받아서 기분이 좋았어요.

교사 우리가 물건을 잘 샀다고 생각하는 친구도 있을 것이고 내가 산 물건이 좋지 않다고 생각하는 친구도 있을 것 같아요. 물건을 구입하고 어떤 생각이 들었는지 기록하고 영수증도 직접 붙여서 내가 구입한 물건의 가격과 거스름돈에 대해서도 기록해 보아요.

➲ 각자 자신의 선택에 대하여 평가해 보고 내가 구입한 물건의 영수증을 보면서 구입한 물건의 가격과 거스름돈에 대하여 알아볼 수 있도록 하였다. 대부

분의 아이들이 신중하게 물건을 구입한 결과 내가 산 물건에 대하여 만족하고 좋아했다.

물건을 구입한 후의 느낀 점을 생각해 보고 영수증을 보고 물건의 가격, 거스름돈을 알아보아요.

활동 | 2-11 다음에 물건을 살 때는 어떻게 해야 할까?

▶ 물건을 구입하는 과정을 생각해 보면서 앞으로 물건을 살 때 생각해야 하는 것에 대하여 이야기 나누었다.

교사 마트에 가서 물건을 직접 사보았는데 어땠어요?

유아 직접 내가 골라서 사니까 좋았어요.

유아 내가 직접 번 돈으로 물건을 사서 더 소중했어요.

교사 그렇구나. 다음에 물건을 살 때는 어떻게 하면 좋을까요?

유아 내가 무엇을 살지 기억하려면 종이에 적어 갈 거예요.

유아 물건의 가격이 얼마인지 잘 알아야 해요.

유아 여러 가지 물건 중에서 잘 선택해서 사요.

➲ 아이들이 직접 물건을 구입해서인지 꼭 필요한 물건만 구입해야 한다는 것을 알았고, 앞으로도 물건을 직접 구입해 보는 경험을 많이 해보고 싶어 했다.

마트에 가기 전에 무엇을 살 것인지 잘 생각하고 사요.

내가 살 물건의 가격을 잘 비교해서 사야 돼요.

활동 | 2-12

기회비용에 대하여 알아보았어요.

▶ 아이들이 기회비용에 대하여 알아보면서 느낀 점에 대하여 이야기 나누었다.

교사 이제까지 기회비용에 대해서 알아보았는데 내가 사고 싶은 물건과 가족이 갖고 싶은 물건에 대하여 알아보고 선택해 보았어요.
그리고 마트에 가서 무엇을 했나요?

유아 내가 번 용돈으로 물건을 샀어요.

교사 그래요, 어떻게 물건을 샀어요?

유아 잘 생각하면서 물건을 샀어요.

유아 여러 가지 색연필이 있었는데 그 중에서 내가 가장 좋아하는 것으로 선택해서 샀어요.

교사 그렇구나. 그러면 기회비용이란 무엇일까요?

유아 둘 중에 하나를 선택하고 다른 하나는 포기하는 거예요.

유아 그러니까 선택을 잘 해야 해요.

교사 맞아요. 하지만 선택을 잘 못하는 경우도 있지요?

유아 네, 그러면 속상하고 기분도 안 좋아요.

유아 그 물건을 잘 사용하지 않게 돼요.

교사 그러면 이제까지 기회비용에 대하여 알아보면서 가장 기억에 남거나 좋았던 것을 그림도 그리고 글로도 표현해 보기로 해요.

유아 네.

➲ 기회비용에 대하여 알아보면서 선택의 중요성을 알고 선택을 하면 다른 하나

를 포기해야 한다는 것을 알게 되면서 물건을 살 때뿐만이 아니라 선택을 할 때마다 잘 생각해야 한다고 이야기하는 아이들의 모습을 보았다.

물건을 살 때 선택을 해야 돼요.

기회비용은 둘 중에서 하나는 선택하고 하나는 포기해요.

3 재화와 서비스

활동 | 3-1

친구들이 서비스를 받아 본 적이 있는지에 대하여 이야기를 나누어요.

▶ 서비스를 받아본 경험에 대하여 이야기 나누었다.

교사 서비스라는 말을 들어본 적 있어요?

유아 네, 식당에 갔을 때 엄마가 서비스라고 말하는 것을 들었어요.

교사 그러면 선생님이 서비스와 관련된 책을 소개해 주려고 해요. 잘 듣고 서비스에 대한 이야기를 나누어 보도록 해요.

유아 네.

교사 (서비스 책을 소개한다.)

서비스 소개 책

교사 이렇게 우리 주변에서는 다양한 서비스를 많이 해주고 또 서비스를 받

고 있기 때문에 편리한 점이 많이 있어요. 수선화반도 서비스를 받아 본 적이 있어요?

유아 식당에 갔을 때 고기를 구워 주었어요.

유아 비행기에 탔을 때 음료수를 먹었어요.

유아 시장에 엄마랑 갔을 때 과일을 사니까 아주머니께서 바나나를 하나 더 주셨어요.

교사 그런 서비스도 받았구나. 이처럼 너희들이 받는 서비스는 재화라는 것을 사용할 때 생기는 거예요?

유아 재화가 뭐예요?

교사 너희들이 말한 것 중에서 여러 가지 물건도 재화가 돼요. 그리고 놀이터, 산책할 수 있는 공원, 우리 주변에 있는 나무 같은 자연도 재화라고 해요.

유아 그러면 우리 교실에 있는 교구랑 책도 재화네요.

교사 맞아요. 우리는 재화를 통해 서비스를 받고 있어요. 이런 서비스를 받았을 때 어떤 생각이 들었어요?

유아 기분이 좋았어요.

유아 서비스를 해주니까 편안했어요.

➲ 서비스를 받아 본 경험에 대하여 이야기를 나누면서 식당이나 물건을 사러 갔을 때 부모님들께서 서비스를 받을 때의 모습을 떠올리며 이야기를 나누었다. 그리고 서비스를 받으니까 기분이 좋았다고 이야기하며 서비스의 역할을 이해할 수 있었다.

"시장에 엄마랑 갔을 때 서비스로 과자를 더 주어서 좋았어."

식당에 갔는데 고기를 구워 주었어요.

활동 | 3-2

재화와 서비스에 대한 생각 모으기 및 유목화

▶ 재화와 서비스에 대하여 생각 모으기 활동과 유목화 활동을 함께 하였다.

교사 재화와 서비스에 대하여 생각 모으기 활동을 하려고 해요. 어제 서비스를 받아 본 적이 있는지 알아보았는데 또 서비스 하면 무엇이 생각이 날까요?

유아 인사를 받아요.

유아 문을 열어 주었어요.

유아 시장에서 과일을 살 때 더 주는 것도 서비스예요.

유아 식당에 가면 우리가 주문한 음식을 가져다줘요.

교사 서비스를 받을 때 어떤 느낌이 들었나요?

유아 기분이 좋았어요.

유아 편안했어요.

교사 그러면 재화는 우리가 사용하는 여러 가지 물건이나 자연으로부터 얻는 재화도 있다고 했는데 무엇이 있을까요?

유아 교구요.

유아 교구장이랑 스케치북이요.

유아 자동차요.

유아 공기요.

유아 옷이요.

교사 선생님이 나눠주는 종이에 재화와 서비스에 대해서 생각나는 것을 써보기로 해요.

유아 네.

교사 비슷한 것끼리 모아서 분류해 보아요.

➡ 생각 모으기 종이에 글을 쓴 다음 같은 것끼리 유목화 하는 활동을 하면서 재화와 서비스에 대하여 관심을 갖게 되었다.

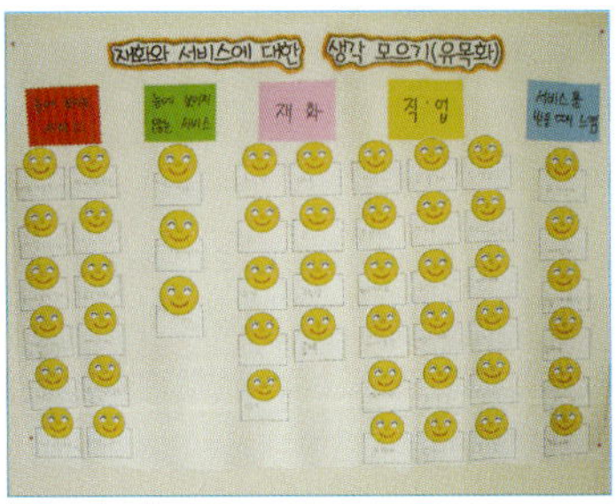

유목화 하기

눈에 보이는 서비스	눈에 보이지 않는 서비스	재화	직업	서비스를 받을 때 느낌
어서오세요 음식을 갖다 준다. 안내해 준다. …	친구 몰래 도와줘요. 어려운 사람을 도와요. 모금을 해요. …	공원 교구 놀이터 색종이 책상 …	미용사 선생님 의사 간호사 운동 선수 …	기분이 좋다. 재미있다. 슬프다 화가 난다. …

활동 | 3-3

재화와 서비스 주제망 그리기

▶ 유목화 한 것을 가지고 주제망을 그리기로 하였다.

교사 지난 시간에 재화와 서비스에 대하여 생각을 모으고 유목화 한 내용을 가지고 주제망을 그려보기로 해요.

유아 네.

교사 가족별로 작은 주제망을 그려 보고 큰 종이에다가 옮겨 쓰기로 해요.

➲ 유목화 한 내용을 보면서 가족별로 소주제망을 그리고 큰 종이에 옮겨서 재화와 서비스 주제망을 완성했다.

"직업에는 요리사가 있지."

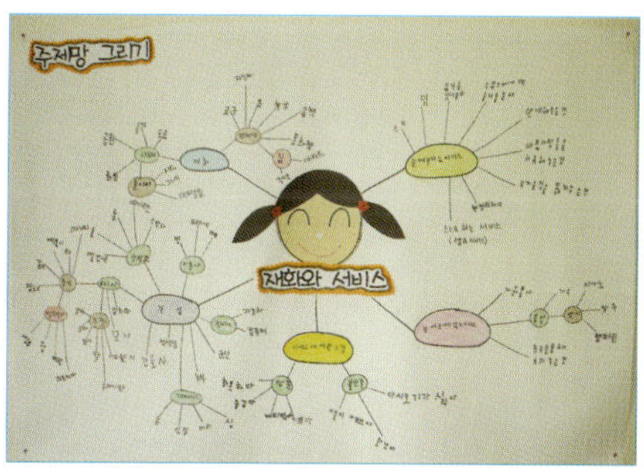

재화와 서비스 주제망

재화와 서비스 주제망

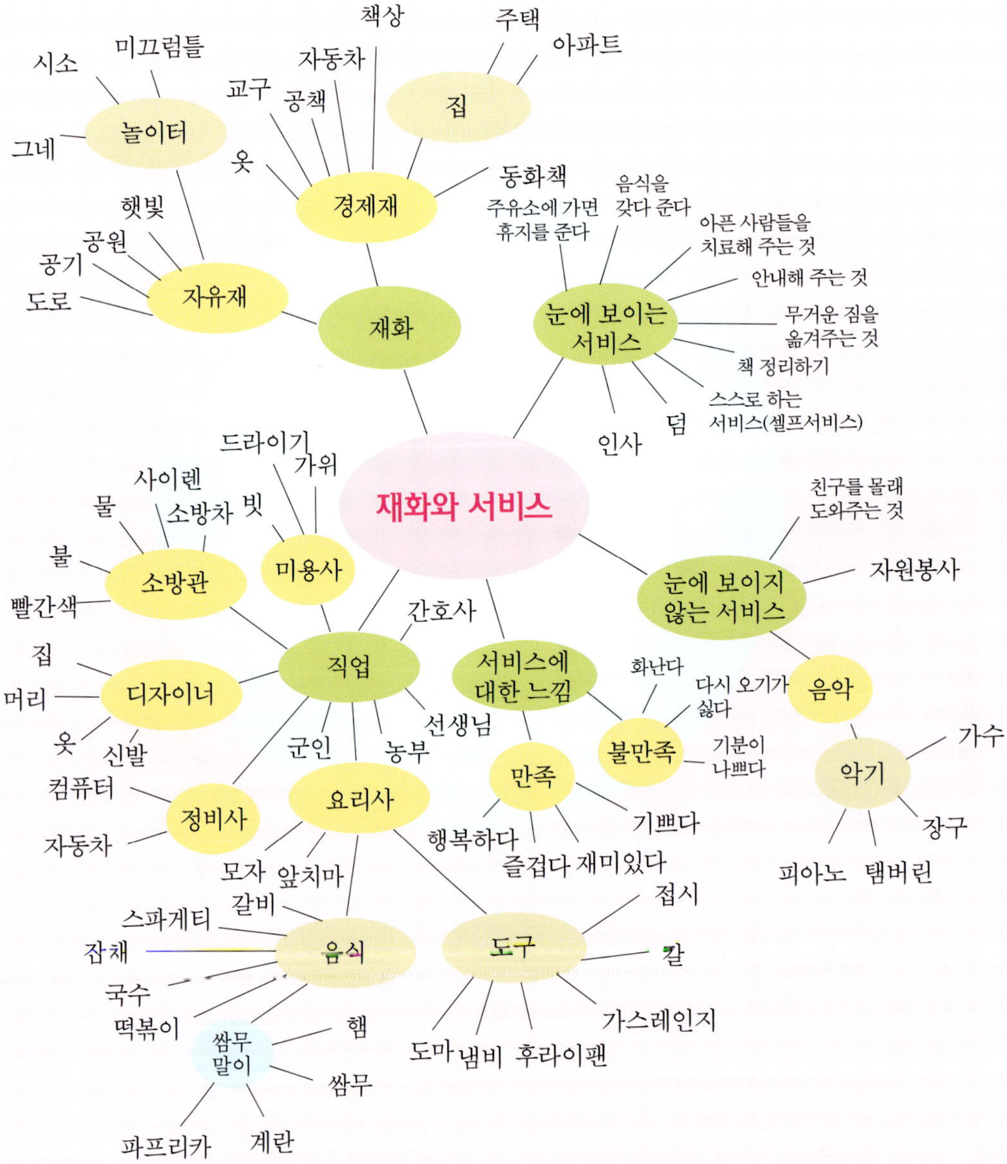
재화와 서비스
재화
경제재
책상
자동차
공책
교구
옷
동화책
집
주택
아파트
자유재
햇빛
공원
공기
도로
놀이터
시소
미끄럼틀
그네
눈에 보이는 서비스
주유소에 가면 휴지를 준다
음식을 갖다 준다
아픈 사람들을 치료해 주는 것
안내해 주는 것
무거운 짐을 옮겨주는 것
책 정리하기
스스로 하는 서비스(셀프서비스)
덤
인사
눈에 보이지 않는 서비스
친구를 몰래 도와주는 것
자원봉사
음악
악기
가수
장구
탬버린
피아노
서비스에 대한 느낌
불만족
화난다
다시 오기가 싫다
기분이 나쁘다
만족
기쁘다
재미있다
즐겁다
행복하다
직업
미용사
드라이기
가위
빗
소방관
사이렌
소방차
물
불
빨간색
디자이너
집
머리
옷
신발
간호사
선생님
농부
군인
정비사
컴퓨터
자동차
요리사
모자
앞치마
음식
갈비
스파게티
잡채
국수
떡볶이
쌈무말이
햄
쌈무
계란
파프리카
도구
접시
칼
가스레인지
후라이팬
냄비
도마

활동 | 3-4

눈에 보이는 서비스와 보이지 않는 서비스

▶ 서비스에는 눈에 보이는 것과 보이지 않는 것이 있다는 것을 알고 아이들과 알아보기로 하였다.

교사 우리는 다양한 서비스를 받으면서 살아가고 있어요.
서비스 중에는 우리 눈에 보이는 서비스와 눈에 보이지 않는 서비스가 있는데 눈에 보이는 서비스는 어떤 것들이 있을까요?

유아 식당에 갔을 때 '어서 오세요.' 하고 인사를 했어요.

유아 아빠가 주유소에 갔는데 서비스로 화장지를 받았어요.

유아 시장에 갔는데 덤으로 사과를 하나 더 받았어요.

교사 와~ 우리 친구들이 눈에 보이는 서비스에 대하여 잘 알고 있네요.
그러면 이번에는 눈에 보이지 않는 서비스에는 어떤 것들이 있을까요?
눈으로 보이지는 않지만 우리가 받고 있는 서비스들이 많이 있어요.

유아 식당에서 밥을 먹을 때 음악을 들려주는 서비스를 받아요.

유아 친구들을 위해서 도우미를 해요.

유아 어려운 사람들을 도우려고 모금을 해요.

➡ 눈에 보이지 않는 서비스에 대하여 이야기를 하면서 어려운 사람들을 위하여 돕는 것도 서비스라는 이야기도 했다.

"눈에 보이는 서비스는 뭘까?"
"마트에 가면 우리한테 인사해 주는 것도 있잖아."

맛있는 음식을 갖다 줘요.(보이는 서비스)
엄마 몰래 청소를 해요.(보이지 않는 서비스)

활동 | 3-5

내가 우리 가족과 친구들에게 할 수 있는 서비스

▶ 스스로 할 수 있는 서비스를 알아보고 실천하기로 하였다.

교사 우리가 할 수 있는 서비스에 대하여 이야기를 나누려고 해요. 먼저 우리 가족들에게 할 수 있는 서비스는 어떤 것이 있을까요?

유아 엄마가 식사를 차릴 때 도와드려요.

교사 맞아요, 엄마를 돕는 서비스를 할 수 있어요. 또 무엇이 있을까요?

유아 심부름을 해요.

유아 청소를 도와드려요.

유아 신발정리도 할 수 있어요.

교사 그러면 우리 수선화반 교실에서 친구들에게 어떤 서비스를 할 수 있나요?

유아 점심시간에 반찬을 식판에 떠 줄 수 있어요.

유아 교구정리를 해요.

유아 매트를 바르게 정리해요.

유아 도우미 친구들이 하는 것도 서비스예요.

➲ 아이들이 여러 가지 서비스를 할 수 있다는 것을 알고 집에 가서 엄마, 아빠께 직접 서비스를 하겠다며 좋아했다.

집에서는 엄마를 도와드리고 어린이집에서는 선생님을 도와드리는 서비스를 할 거예요.

엄마, 아빠 구두를 닦아요.(집)
어린이집에서 친구들을 도와줘요.(어린이집)

활동 | 3-6

여러 가지 직업의 종류에 대하여 알아보아요.

▶ 직업의 종류에 대하여 알아보면서 다양한 직업들이 하는 일을 알아보기로 했다.

교사 우리 주변에는 많은 직업이 있어요. 어떤 직업들이 있을까요?

유아 경찰관이요.

유아 의사요.

교사 그러면 직업에 따라서 어떤 일을 하는지도 이야기할 수 있겠어요?

유아 의사는 아픈 사람을 치료해요.

유아 요리사는 음식 만드는 일을 해요.

유아 미용사는 머리를 예쁘게 해줘요.

교사 그러면 직업의 종류에 따라 어떤 일을 하는지 그림이나 글로 표현해 보도록 해요.

➡ 직업의 종류를 알아보면서 직업마다 하는 일이 다름을 알고 다양한 직업에 관심을 갖게 되었다.

환경미화원은 길을 청소해 주는 일을 해요.

경찰이 도둑을 잡아 줘요.

활동 | 3-7

직업에 따라 서비스의 종류가 달라지는 것을 알아보아요.

▶ 직업에 따라 하는 일이 다르고 서비스가 다르다는 것을 알아보았다.

교사 우리가 여러 가지 직업과 하는 일을 알아보았는데 직업마다 하는 일이 같았어요?

유아 아니요.

교사 그러면 오늘은 직업마다 하는 일에 따라 어떤 서비스를 하는지 알아보기로 해요.

유아 선생님은 공부를 가르쳐 주는 서비스를 해요.

유아 경찰관은 나쁜 사람들을 잡아서 우리를 보호해 주는 서비스를 해줘요.

유아 요리사는 맛있는 음식을 만들어 주는 서비스를 해요.

유아 의사는 아픈 사람들을 치료해 주는 서비스를 해요.

교사 수선화반 친구들이 직업마다 어떤 서비스를 해주는지 잘 알고 있네요.

➲ 각 직업이 하는 일에 따라서 서비스도 달라지는 것을 알게 되었고 직업 신문을 만들면서 여러 가지 직업이 하는 일과 서비스에 대하여 생각해 볼 수 있었다. 그리고 내가 커서 하고 싶은 직업을 이야기 나누는 아이들의 모습을 보면서 다음 시간에는 아이들이 어른이 되었을 때 어떤 일을 하며 서비스를 할 수 있는지에 대하여 이야기 나누기로 하였다.

"요리사는 맛있는 음식을 만들어 주지?"

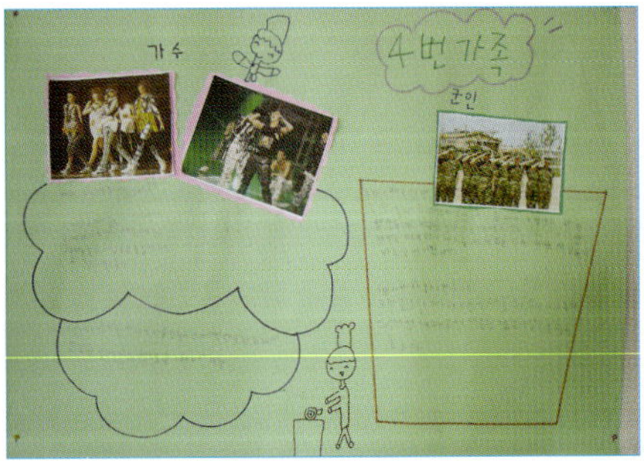

직업 신문 만들기

활동 3-8

내가 커서 어른이 되면…….(직업과 서비스)

▶ 어른이 되면 하고 싶은 직업과 어떤 서비스를 할 수 있는지에 대하여 이야기 나누었다.

교사 나중에 커서 어른이 되면 어떤 직업을 갖고 싶어요?

유아 요리사요.

유아 선생님이 되고 싶어요.

유아 간호사가 될 거예요.

교사 그러면 간호사, 선생님이 되어서 어떤 서비스를 할 거예요?

유아 간호사가 되어서 아픈 사람들을 돌봐주는 서비스를 해주고 싶어요.

유아 선생님이 되면 공부 열심히 가르쳐 주는 서비스를 해줄 거예요.

유아 저는 요리사가 되어서 맛있는 음식을 만들어 주는 서비스를 할 거예요.

➡ 어른이 되어서 각자가 되고 싶은 직업을 이야기하면서 다양한 서비스를 하겠다고 씩씩하게 발표도 하고 자유선택활동 시간에는 역할놀이 영역에 가서 "나는 의사예요. 어디가 아픈가요?"라고 친구들과 놀이를 하며 즐겁게 활동을 하기도 했다.

간호사가 되어서 아픈 사람을 치료해 줄 거예요.

선생님이 되어서 공부를 가르쳐 줄 거예요.

활동 | 3-9

재화와 서비스에 대하여 알아보았어요.

▶ 재화와 서비스에 대하여 알아 본 것들을 생각해 보며 기억에 남거나 느낀 점들을 이야기 나누었다.

교사 그동안 재화와 서비스에 대하여 이야기를 나누었는데 재화는 어떤 것들이 있었죠?

유아 공원이요.

유아 공기요.

유아 나무.

유아 옷이요.

유아 집이요.

교사 맞아요, 우리가 사용하는 재화는 공원이나 공기처럼 자유롭게 쓰는 자유재와 옷이나 집처럼 돈으로 사서 사용하는 경제재가 있다고 했어요. 그러면 서비스는 어떤 것일까요?

유아 주인이 손님에게 하는 거예요.

유아 눈에 보이는 서비스가 있어요.

유아 눈에 안 보이는 서비스도 있어요.

교사 또 서비스는 어떤 것일까요?

유아 직업마다 서비스가 달라요.

유아 서비스를 잘 하면 손님들이 많이 와요.

유아 서비스를 잘 하면 즐거워요.

교사 그런 생각을 갖고 있구나.

➲ 재화와 서비스를 통해서 소비자가 서비스를 받고 서비스를 받기 위해서는 재화를 사용하게 되는 것을 알게 되었다. 그리고 서비스의 중요성에 대하여 알

고 어른이 되어서 일을 할 때 서비스를 잘 해서 손님이 많이 오게 할 것이라는 이야기를 하기도 했다.

재화에는 돈으로 사는 것도 있어요.

서비스를 하면 사람들이 더 많이 와요.

4 자원과 생산

활동 4-1 왜 사람들은 돈을 벌까요?

▶ 사람들이 돈을 벌어서 무엇에 사용하는지에 대하여 알아보았다.

교사 사람들은 일을 하면 무엇을 받나요?

유아 돈을 받아요.

교사 그래요, 열심히 일을 해서 회사에서 주는 월급을 받아요. 그러면 왜 사람들은 이렇게 열심히 일을 하고 돈을 벌까요?

유아 우리가 필요한 물건을 사려고요.

유아 예쁜 옷을 사려고 돈을 벌어요.

유아 먹을 것을 사기 위해서 돈을 벌어요.

유아 옷을 사기 위해서 돈을 버는 것 같아요.

유아 어려운 사람들을 도우려고 돈을 벌어요.

교사 수선화반 친구들이 왜 돈을 벌어야 하는지를 많이 알고 있네요.

➡ 왜 사람들이 돈을 버는지를 생각해 보면서 돈은 우리 생활과 밀접한 관계에 있음을 알고 돈을 사용하여 우리가 필요로 하는 것을 구매한다는 것을 알 수 있었다.

"너는 왜 돈을 버는 것 같아?"
"먹을 것을 사기 위해 돈이 필요해."

필요한 물건을 사기 위해서 돈을 벌어요.

활동 4-2

소비자와 생산자에 대하여 알아보아요.

▶ 소비자와 생산자의 역할에 대하여 알아보았다.

교사 오늘은 소비자와 생산자에 대하여 알아보려고 해요.
우리는 필요한 물건을 사러 어디에 가나요?

유아 마트요.

유아 시장에 가요.

유아 옷가게요.

교사 여러 가지 우리가 필요한 물건을 파는 곳으로 가지요!
그래서 돈을 내고 필요한 물건을 구입해요. 이러한 사람들을 무엇이라고 부를까요?

유아 소비자요.

교사 맞아요, 소비자에 대한 이야기를 기억하고 있었구나. 그러면 생산자는 어떤 사람일까요?

유아 물건을 파는 사람이요.

유아 주인이 생산자 같아요.

교사 생산자는 우리가 사는 물건들을 직접 만들어 내는 사람들을 생산자라고 불러요. 우리가 여름 캠프 할 때 만들었던 "티슈케이스 만들기" 생각이 나죠?

유아 네. 그러면 우리가 티슈케이스를 만들었으니까 우리도 생산자네요.

➲ 아이들은 과자를 직접 사거나 물건을 살 때 소비자가 된다는 것을 이해하고 여름 캠프 때 활동했던 티슈케이스 판매를 생각하면서 생산자가 된다는 것도 쉽게 이해할 수 있었다.

마트에 가서
물건을 살 때
나도 소비자야.

생산자는 물건을 만들고, 소비자는 물건을 사요.

활동 | 4-3

여러 가지 물건의 생산 과정을 알아보아요.

▶ 물건이 만들어지는 과정을 이해하기 위하여 쌀의 생산 과정을 통해 알아보았다.

교사 우리들이 사용하는 물건들을 생산품이라고 하는데 이 생산품들이 어떻게 해서 만들어지는지 그 과정에 대하여 알아보려고 해요.
오늘 아침에 밥 먹고 왔어요?

유아 네.

교사 밥은 무엇으로 만들었을까요?

유아 쌀이요.

교사 쌀이 어떻게 해서 만들어지는지 알고 있나요?

유아 잘 모르겠어요.

유아 벼가 쌀이 되는 거예요.

교사 쌀이 어떻게 생산되어지는지 알아보기로 해요.
(그림 자료를 보면서 쌀이 만들어지는 과정을 이야기 나눈다.)

쌀의 생산 과정

1. 논갈이 하기

2. 파종하기

3. 모내기하기

4. 추수하기

5. 탈곡하기

6. 건조하기

교사 이렇게 해서 쌀이 생산되는 과정을 알아보았는데 그림을 보면서 어떤 생각이 들었나요?

유아 쌀이 만들어지려면 농부아저씨가 일을 많이 하는 것 같아요.

유아 쌀이 만들어지는 과정이 신기했어요.

유아 농부아저씨께 감사한 생각을 했어요.

교사 그런 생각을 했구나.

➡ 쌀의 생산 과정을 통해서 어떻게 생산품이 완성되는지를 이해할 수 있었다. 그리고 쌀 이외에도 우리가 사용하는 연필이나 종이 등도 어떻게 만들어지는지 책을 통하여 생산 과정을 알 수 있도록 하였다.

쌀이 생산되는 과정을 그렸어요.

활동 | 4-4

자원과 생산에 대한 생각 모으기 및 유목화

▶ 자원과 생산에 대하여 생각나는 것을 이야기 나누고 같은 것끼리 찾아보는 유목화 활동을 했다.

교사 오늘은 자원과 생산에 대한 생각 모으기를 해보려고 해요. 자원은 어떤 것인가요?

유아 물건을 만들 때 필요한 거예요.

유아 바람도 자원이에요.

유아 물도 자원이에요.

교사 맞아요, 우리 주변에는 우리가 사용할 수 있는 자원이 많아요. 그러면 생산은 무엇일까요?

유아 물건을 만드는 거예요.

유아 사람들이 일을 해서 생산해요.

유아 생산을 한 물건이 생산품이에요.

교사 우리 교실에는 어떤 생산품이 있을까요?

유아 교구요.

유아 책상이요.

➲ 아이들이 자원과 생산에 대하여 생각한 것을 종이에 쓰고 '생각 모으기' 란에 붙인 다음 같은 짝을 찾아 주어서 유목화 해보았다.

"자원에는 나무, 물도 있어"

"나는 생산품 적어야지"

돌멩이도 자원이지!

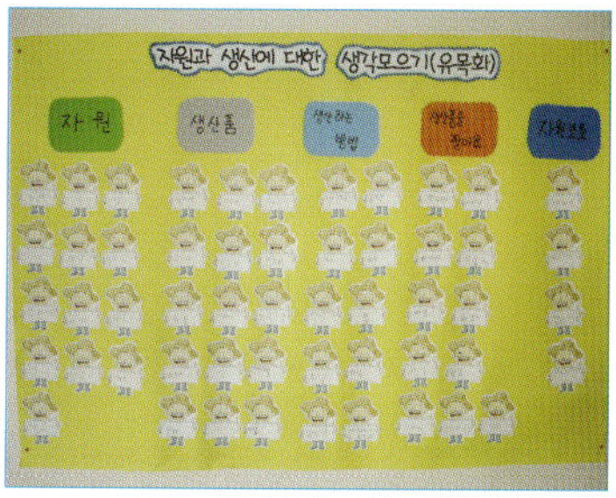

유목화 하기

자원	생산품	생산하는 방법	생산품을 팔아요.	자원보호
돌 물 플라스틱 흙 나무 …	텔레비전 컴퓨터 연필 색종이 교구 …	공장 손으로 만들어요. 생산자 기계 …	돈 마트 광고 세일 소비자 …	깨끗하게 사용해요. 바르게 사용해요. …

활동 | 4-5

자원과 생산 주제망 그리기

▶ 유목화 한 내용을 가지고 주제망 그리기를 했다.

교사 자원과 생산에 대한 생각을 모으고 같은 친구를 찾아서 유목화 했지요?

유아 네.

교사 오늘은 유목화 한 내용을 가지고 자원과 생산에 대한 주제망을 그려볼 거예요. 가족별로 나눠서 작은 주제망을 그리고 나중에 큰 주제망에 옮겨 적기로 해요.

유아 네.

➡ 자원과 생산에 대한 유목화 내용을 가지고 가족별로 소주제망을 그린 후 다시 큰 주제망을 그려 자원과 생산 주제망을 완성했다. 아이들이 완성된 주제망을 보고 자신들의 생각이 정말 많았다고 이야기하며 좋아하기도 했다.

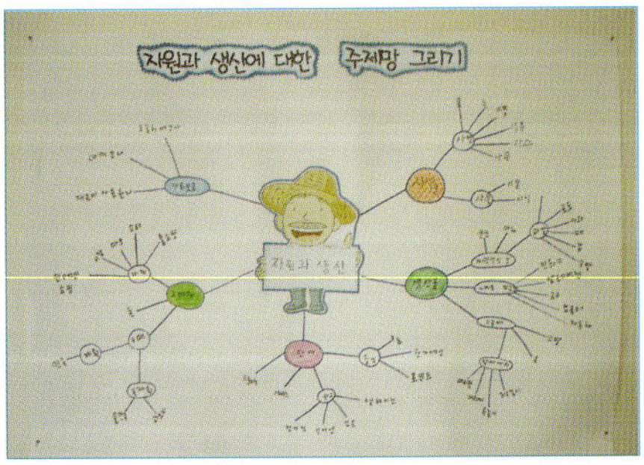

주제망 그리기

자원과 생산 주제망

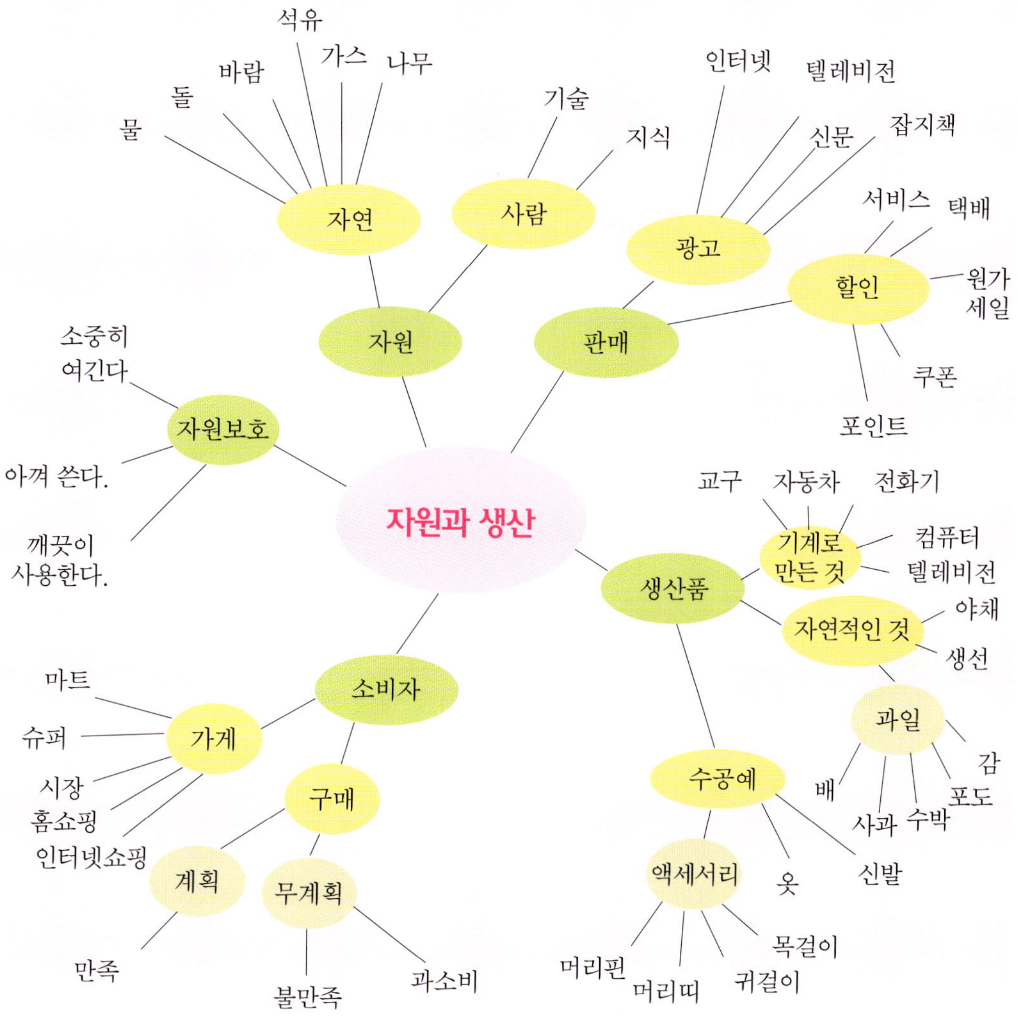
자원과 생산
자원
자연
물
돌
바람
석유
가스
나무
사람
기술
지식
자원보호
소중히 여긴다.
아껴 쓴다.
깨끗이 사용한다.
판매
광고
인터넷
텔레비전
신문
잡지책
할인
서비스
택배
원가 세일
쿠폰
포인트
생산품
기계로 만든 것
교구
자동차
전화기
컴퓨터
텔레비전
자연적인 것
야채
생선
과일
배
사과
수박
포도
감
수공예
액세서리
머리핀
머리띠
귀걸이
목걸이
옷
신발
소비자
가게
마트
슈퍼
시장
홈쇼핑
인터넷쇼핑
구매
계획
만족
무계획
불만족
과소비

활동 4-6 만들어진 물건들은 어떻게 될까요?

▶ 물건이 만들어져서 우리에게 오기까지 유통되는 과정에 대하여 알아보았다.

교사 생산자가 물건을 다 만들고 나면 그 물건들은 어떻게 할까요?
유아 가게에 배달해 줘요.
교사 가게에 어떻게 배달을 할까요?
유아 트럭으로 배달을 해요.
유아 택배 아저씨가 가져다 주는 것 같아요.
교사 물건을 어디로 가져가기 전에 다 만든 생산품을 어떻게 해야 될까요?
유아 물건들을 상자에 담고 포장해요.
교사 그래요. 꼭 한 번에 가게로 물건이 도착하지 않을 때도 있어요. 우리가 매일 먹는 밥도 농부가 쌀농사를 지으면 쌀을 포장하는 공장으로 보내고 또 공장에서는 마트나 슈퍼로 보내 주어요.
유아 그래서 사람들이 가게에서 쌀을 구입할 수 있는 거예요.
교사 이것이 바로 유통과정이에요. 물건이 완성되면 소비자가 생산품을 살 수 있도록 가게까지 배달을 하게 돼요. 배, 자동차, 비행기 등을 이용해서 배달도 하고 그 과정에서 여러 사람이나 장소를 거치면서 물건의 가격이 높아지거나 낮아지게 돼요.

➲ 유통 과정에 대하여 이해하고, 집에서 택배아저씨가 물건을 가져다 주는 것을 보고 물건이 우리에게 오는 과정을 쉽게 이해할 수 있는 시간이 되었다.

만들어진 물건을 손님에게 팔아요.

활동 | 4-7

만들어진 물건을 효율적으로 많이 팔 수 있는 방법에 대하여 알아보아요.

▶ 유통 과정을 거친 생산품을 어떻게 하면 소비자들이 많이 사갈 수 있는지 이야기 나누었다.

교사 소비자는 어떤 사람이에요?

유아 물건을 사는 사람이에요.

교사 그래요, 그러면 열심히 만든 생산품을 소비자가 더 많이 사가도록 하기 위해서 많은 방법들이 있는데 오늘은 그 방법에 대하여 이야기를 나눌 거예요.
어떻게 하면 소비자가 물건을 많이 구입하게 될까요?

유아 주인이 설명을 잘해서 물건을 팔아요.

유아 텔레비전에서 물건이 좋다고 이야기해 줘요.

교사 그래요, 그것을 광고라고 하는 거예요. 광고는 텔레비전이나 신문, 잡지 등 여러 가지를 이용해서 할 수 있어요.

유아 저도 텔레비전에서 엄마 화장품 광고하는 거 봤어요.

교사 그렇구나. 또 어떤 방법으로 물건을 많이 팔 수 있을까요?

유아 손님에게 친절하게 해서 물건을 팔아요.

교사 손님에게 친절하면 물건을 잘 팔 수 있을 것 같아요?

유아 네!!

➲ 물건을 많이 팔려면 주인인 판매자의 역할도 중요하고 상품의 좋은 점을 알리기 위해 광고가 필요하다는 것도 알게 되었다. 추후활동으로 NIE활동 시간에 '광고만들기' 라는 주제로 신문과 잡지에서 상품을 고르고 광고 표어를 꾸며 보았다.

물건에 대하여 설명을 잘 해준다.

광고를 해서 광고에 나오는 것을 보고 살 수 있게 해요.

카메라 광고- 뭐든지 찍을 수 있는 카메라!!

활동 | 4-8

한 가지 재료를 가지고 다양한 물건을 만들 수 있어요.

▶ 한 가지 재료를 이용해서 만들 수 있는 다양한 생산품에 대하여 이야기 나누었다.

교사 우리 자원과 생산에 대한 생각 모으기를 할 때 자원에 대한 이야기를 나누었지요?

유아 네.

교사 어떤 것들이 있었나요?

유아 나무요.

유아 물이요.

유아 사과로 주스도 만드니까 자원이에요.

유아 쌀도 자원이에요.

교사 이처럼 나무나, 물과 같은 자연적인 자원과 사과, 쌀과 같은 자원을 이용해서 생산품을 만들어요. 그리고 우리 교실에 있는 바구니, 카세트, 비누, 화장지 등도 모두 이러한 자원을 이용해서 만든 것들이에요. 그런데 나무로 만들 수 있는 것은 딱 하나뿐일까요?

유아 아니요!!

유아 나무로 종이도 만들고 연필을 만들 때도 사용해요.

교사 그래요, 나무로 여러 가지 물건을 만들 수 있어요. 그래서 오늘은 한 가지 재료로 어떤 것을 만들 수 있는지에 대하여 알아보려고 해요.

어떤 재료로 무엇 무엇을 만

들 수 있는지 이야기해 볼까요?

유아 플라스틱으로 바구니도 만들 수 있고 머리빗도 만들어요.

유아 사과로 주스랑 잼도 만들 수 있어요.

유아 천으로 옷도 만들고 커튼도 만들어요.

➲ 한 재료를 이용해서 다양한 생산품을 만들 수 있음을 알게 되었고, 아이들이 직접 한 가지 재료를 선택한 후 만들 수 있는 생산품을 글로 적어 보았다.

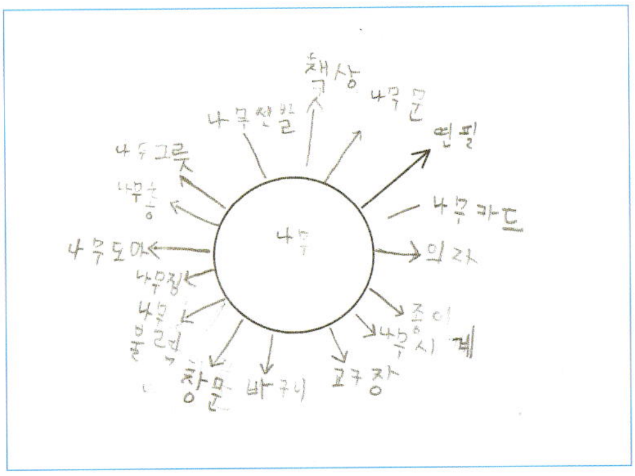

나무: 책상, 바구니, 교구장, 시계, 도마, 연필 ……

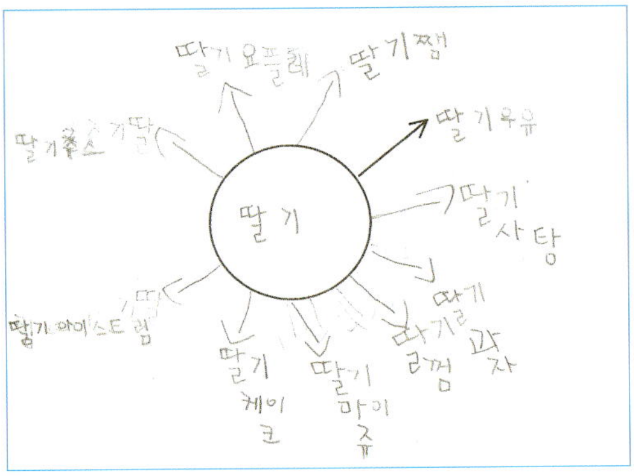

딸기: 딸기잼, 딸기우유 ……

활동 | 4-9

우리가 직접 물건을 만들어 보아요.

▶ 직접 생산자가 되어서 생산품을 만들어 보기로 하였는데, 고무찰흙을 이용한 장식품을 만들었다.

교사 오늘은 우리가 직접 물건을 만드는 사람이 되어서 생산품을 만들어 보려고 해요. 선생님이 고무찰흙을 준비해 왔는데 여기 있는 재료를 이용해서 장식용품을 만들어 볼 거예요.

유아 어떤 모양으로 만들 거예요?

교사 달팽이 모양으로 만들어서 여기 스프링 장식에다가 붙이면 자동차나 우리가 꾸미고 싶은 곳에 놓고 볼 수 있는 장식품이 되는 거예요.

유아 와~ 정말 예쁠 것 같아요.

유아 빨리 만들어요.

유아 저는 갈색 달팽이를 만들 거예요.

유아 나는 귀여운 달팽이를 만들고 싶어.

장식품 만들기		
 1. 고무찰흙을 달팽이 모양으로 돌돌 만다.	 2. 눈을 만들어서 붙인다.	 3. 나뭇잎 모양을 만든 다음 이쑤시개로 선을 그려 준다.
 4. 달팽이를 나뭇잎 위에 고정한다.	 5. 스프링에 완성된 달팽이를 접착제로 붙인다.	 6. 달팽이 장식품 완성

고무찰흙으로 장식품을 만드는 과정에서 정말 생산자가 된 것처럼 아이들이 정성을 다해 열심히 만들었다. 그리고 완성된 장식품을 어떻게 하면 좋을지 생각해 보고 다음 시간에 이야기 나누기로 했다.

"나는 귀여운 달팽이 만들어야지."

장식품 완성

활동 | 4-10

물건을 만들고 나서 느낀 점과 만든 물건을 어떻게 할까요?

▶ 직접 물건을 만들면서 느낀 점에 대하여 이야기를 나누고 아이들이 만든 장식품을 어떻게 하면 좋을지 토의했다.

교사 어제 고무찰흙으로 장식품 만들기를 해보았는데 어땠어요?

유아 예쁘게 만들어져서 기분이 좋았어요.

유아 고무찰흙으로 달팽이를 만들어서 재미있었어요.

유아 내가 생산자가 되었어요.

교사 그러면 우리가 만든 장식품을 어떻게 하면 좋을까요?

유아 사람들에게 장식품을 팔아요.

유아 맞아요. 우리가 주인이 돼서 팔면 좋을 것 같아요.

유아 여름 캠프 때 우리가 티슈케이스를 팔았던 것처럼 팔아요.

교사 그러면 우리가 만든 생산품을 잘 포장해서 나중에 바자회를 열 때 함께 팔기로 해요.

유아 네.

➡ 아이들이 완성한 생산품을 팔고 싶다는 의견이 많이 나와서 나중에 바자회 활동에서 직접 팔기로 하였는데 빨리 그날이 왔으면 좋겠다며 설레여하는 아이들의 모습을 보았다.

활동 | 4-11

자원과 생산에 대하여 알아보았어요.

▶ 그동안 자원과 생산에 대하여 알게 된 점들을 다시 한 번 생각해 보고 발표하는 시간을 가졌다.

교사 우리가 자원과 생산에 대하여 알아보면서 기억에 남는 것이나 느꼈던 점에 대하여 이야기해 보도록 해요.

유아 자원에는 여러 가지가 있었어요.

유아 나무도 자원이에요.

유아 사람도 자원이에요.

교사 여러 자원을 가지고 무엇을 만드나요?

유아 생산품을 만들어요.

유아 나무로 책상도 만들고 유리로는 컵도 만들어요.

교사 우리에게는 자원이 있어서 여러 가지 생산품도 만들어서 편리하게 생활을 하고 있네요. 그러면 이러한 자원을 어떻게 사용해야 할까요?

유아 아껴서 사용해요.

유아 자원을 보호해요.

➲ 자원과 생산에 대하여 알아보았던 것들을 생각해 보면서 자원을 이용하여 다양한 생산품을 만들고 그러한 자원을 보호해야 한다고 이야기하며 자원의 소중함을 느끼는 기회가 되었다.

물건을 아껴서 사용해요.

소비자가 물건을 사면 생산자가 돈을 벌어요.

5 보충과 대안

활동 5-1

가게에서는 여러 가지 물건을 팔아요.

▶ 가게에서는 어떤 물건들을 파는지에 대하여 알아보면서 보충과 대안에 대하여 관심을 가질 수 있도록 하였다.

교사 어떤 가게에 가보았나요?

유아 식당에 갔어요.

유아 옷가게요.

교사 그러면 옷가게는 어떤 것들을 팔고 있었나요?

유아 바지랑 치마를 팔았어요.

유아 내가 갔던 옷가게에는 가방도 있었어요.

유아 신발도 봤어요.

교사 그런데 옷가게에서는 바지, 치마 같은 옷만 파는 것이 아니라 모자, 가방, 신발도 팔고 있네요. 이러한 것을 보충과 대안한다고 하는 거예요. 옷을 다 팔면 그것을 보충할 물건들을 준비해서 소비자에게 판매를 하는 거예요.

➲ 가게마다 다양한 물건을 팔고 있다는 것과 한 가지 물건이 다 팔리면 어떤 물건으로 보충과 대안을 할지 준비해야 함을 알게 되었다.

"옷가게에서 옷이랑 모자를 팔아요."

문구점에서는 색종이, 스티커, 색연필, 줄넘기, 연필깎기 등 여러 가지 물건을 팔아요.

활동 | 5-2

보충과 대안에 대하여 생각 모으기 및 유목화

▶ 보충과 대안에 대한 생각 모으기 활동 전에 관련된 책이나 자료를 제공해 주어 생각 모으기를 할 수 있도록 하고 활동을 전개했다. 그리고 생각 모으기가 끝난 후 유목화 활동도 함께 하였다.

교사 '보충과 대안' 하면 무엇이 생각나요?
유아 가게에서 여러 가지 물건을 파는 거요.
유아 옷가게는 모자랑, 신발을 팔아요.
유아 신발가게에서 가방도 팔아요.
유아 엄마랑 빵을 사러 갔는데 주스도 팔았어요.
교사 그래요. 가게마다 서로 다른 물건들을 준비해서 소비자들이 불편하지 않도록 하는 것을 알고 있네요!
유아 가게에 안 가도 엄마가 물건을 사는 것을 봤어요.
교사 그렇구나. 그럼 가게를 대신하는 것들도 있겠네요.
유아 홈쇼핑에서 물건을 사요.
유아 인터넷에서도 살 수 있어요.
교사 잘 알고 있네요.
유아 가게 주인이 보충과 대안을 잘하면 장사가 잘되는 거래요.
유아 그러면 보충을 못했을 때는 장사가 잘 안 되는 거예요.
교사 꼭 그렇지는 않아요. 보충과 대안을 잘 하려면 어떻게 해야 할까요?
유아 생각을 많이 해야 돼요.
유아 공부도 많이 해요.
교사 우리가 이야기한 것을 생각 모으기 종이에 쓰고 같은 친구를 찾아서 분류해 보기로 해요.
유아 네.

생각 모으기 종이에 아이들이 생각을 각각 적은 후에 같은 생각을 찾아 유목화 하는 활동을 하면서 보충과 대안에 대한 관심을 가지고 적극적으로 활동에 참여하는 모습을 볼 수 있었다.

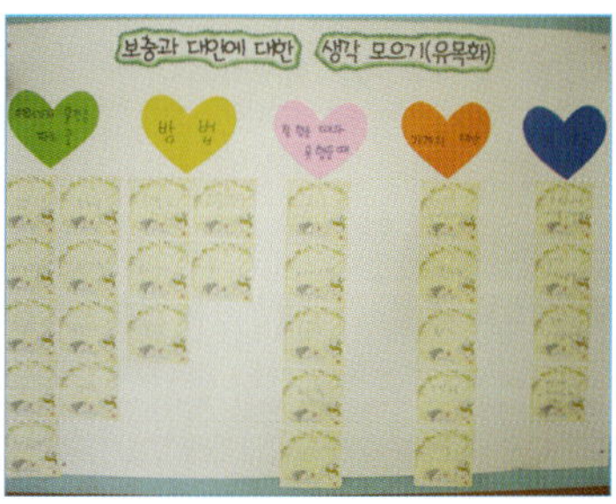

유목화 하기

여러 가지 물건을 파는 곳	방 법	못했을 때와 잘했을 때	가게의 대안	기타
시장 옷가게 홈플러스 이마트 하나로 마트 …	빨리 보충 해요. 공부를 해요. 물어보기 준비자세 …	장사가 안 된다. 소비자가 좋아한다. 손님이 온다. …	인터넷 쇼핑 편의점 홈쇼핑 쇼핑책 …	옷가게 (모자, 양말,가방) 빵가게 (아이스 크림, 주스) …

활동 | 5-3

보충과 대안 주제망 그리기

▶ 유목화 한 활동을 가지고 보충과 대안에 대한 주제망을 그렸다.

교사 오늘은 유목화 한 것을 가지고 주제망을 그려 보려고 해요.
가족별로 종이에 작은 주제망을 그려 보고 큰 주제망을 만들 때 옮겨 적어서 완성하기로 해요.

유아 네.

➲ 아이들이 가족별로 앉아서 작은 주제망을 그려나간 후 큰 종이에 옮겨 적어서 보충과 대안에 대한 주제망을 완성해 보았다. 주제망을 그리는 과정에서 아이들이 가지 뻗기를 더 많이 해나가는 모습을 볼 수 있었고 새로운 생각들도 나와서 주제망에 포함해서 그려나갈 수 있도록 했다.

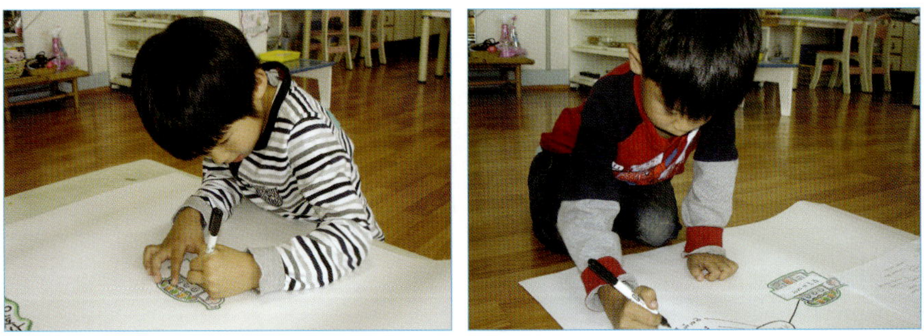

주제망을 그려나가는 아이들

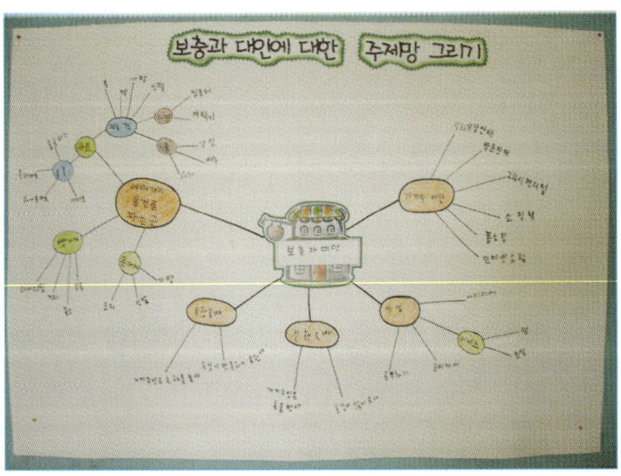

주제망 그리기

보충과 대안 주제망

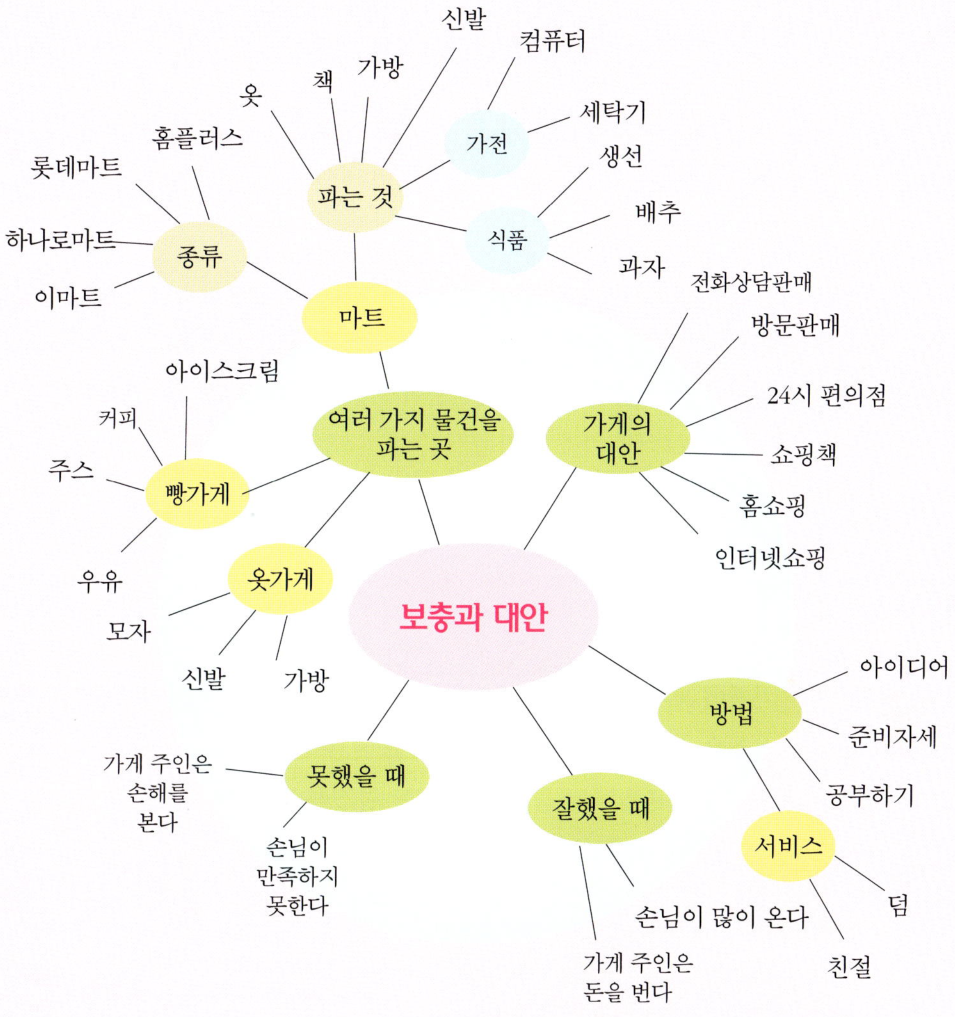
보충과 대안
여러 가지 물건을 파는 곳
마트
파는 것
옷
책
가방
신발
가전
컴퓨터
세탁기
식품
생선
배추
과자
종류
홈플러스
롯데마트
하나로마트
이마트
빵가게
아이스크림
커피
주스
우유
옷가게
모자
신발
가방
가게의 대안
전화상담판매
방문판매
24시 편의점
쇼핑책
홈쇼핑
인터넷쇼핑
방법
아이디어
준비자세
공부하기
서비스
덤
친절
잘했을 때
손님이 많이 온다
가게 주인은 돈을 번다
못했을 때
가게 주인은 손해를 본다
손님이 만족하지 못한다

활동 | 5-4

왜 여러 가지 물건을 팔까요?

▶ 가게에서 왜 다양한 물건을 파는지 생각해 보고 보충과 대안의 필요성을 알아보았다.

교사 가게에서는 왜 여러 가지 물건을 팔고 있는 것 같아요?

유아 손님들이 여러 가지 물건을 살 수 있게 하려고요.

유아 물건이 여러 가지 있으면 손님들이 와서 더 많이 사갈 수 있어요.

유아 맞아요, 그러면 가게 주인은 돈을 벌게 돼요.

교사 그런 생각을 했구나. 다른 생각을 하는 친구 있나요?

유아 가게에서 여러 가지 물건을 팔면 손님이 물건을 사러 갔을 때 필요한 물건을 빨리 살 수 있을 것 같아요.

유아 한 가지 물건만 팔면 사람들이 그 물건 말고 다른 물건이 필요하게 되면 가게에 오지 않아요.

유아 그래요. 그러면 그 가게 주인은 돈을 벌 수 없게 돼요.

➲ 한 가게에서 보충과 대안을 통해 다양한 물건을 팔고 소비자는 그 가게에서 구입하고자 하는 물건을 편리하게 살 수 있다는 것을 알게 되었다.

"옷가게에서 양말, 신발을 팔아요."

한 가지 물건이 다 팔리면 다른 물건으로 보충해서 팔아야 하기 때문에

활동 | 5-5

내가 하고 싶은 가게가 있어요.

▶ 아이들이 각자 하고 싶은 가게를 생각해 보고 가게에서 파는 물건에 대하여 생각해 보았다.

교사 우리가 직접 하고 싶은 가게를 생각해 보기로 해요.

유아 저는 과일가게요.

유아 나도 과일가게가 좋아요.

유아 저는 문구점을 하고 싶어요.

유아 저는 옷가게요.

교사 여러 종류의 가게를 하고 싶어 하는구나. 그러면 그 가게에서 파는 물건들을 생각해 보고 그림이나 글로 표현해 보도록 해요.

유아 네.

스스로 하고 싶은 가게를 정하고 가게에서 할 수 있는 물건을 종이에 쓰면서 아이들이 정말 가게 주인이 된 것 같다는 이야기를 하기도 했고 커서 정말로 가게 주인이 되고 싶다는 장래희망을 말하기도 했다.

옷가게를 하고 싶어요.

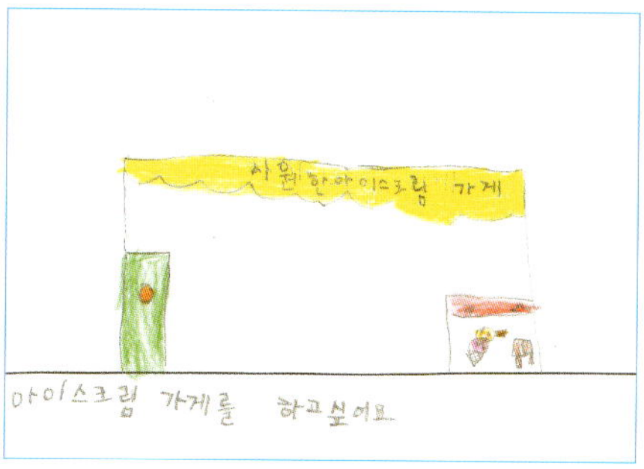

아이스크림 가게를 하고 싶어요.

활동 | 5-6 가게의 물건을 보충하고 대안할 수 있는 것에 대하여 알아보아요.

▶ 가게의 물건을 팔고 보충과 대안하여 팔 수 있는 물건을 생각해 보았다.

교사 우리가 하고 싶은 가게에 대하여 이야기 나누었는데 그 가게에서 파는 물건들이 다 떨어지면 어떤 물건을 보충과 대안해서 팔 수 있을까요?

유아 옷가게에서는 양말, 신발, 모자를 보충해서 팔 수 있어요.

유아 아이스크림 가게에서는 딸기주스를 보충과 대안해서 팔아요.

유아 과일가게에서 과일이 다 팔리면 생선과 과자를 보충과 대안해서 팔 수 있어요.

교사 대단한 생각을 해냈어요. 이렇게 가게에서 파는 물건이 다 팔렸을 때를 생각해서 가게 주인들은 보충과 대안을 잘 생각하고 물건을 준비해야 돼요.

➡ 한 가게에서 하나의 물건만을 파는 것이 아니라 다양한 물건을 팔고 있음을 아이들도 알 수 있었다. 그리고 직접 가게에 갔을 때 어떤 것들을 팔고 있었는지 생각해 보면서 이야기 나누기에 참여했다.

아이스크림 가게에서 커피도 팔고 케이크도 팔아요.

문구점에서 양말과 과자를 보충과 대안해서 팔아요.

활동 | 5-7

보충과 대안을 했을 때 좋은 점과 안 좋은 점이 있어요.

▶ 가게에서 보충과 대안을 하게 되었을 때의 좋은 점과 안 좋은 점을 생각해 보고 이야기 나누었다.

교사 보충을 잘하면 어떤 점이 좋을까요?
유아 손님이 많이 올 것 같아요.
유아 물건이 잘 팔려서 주인이 돈을 벌어요.
교사 보충을 잘 못하면 어떻게 될까요?
유아 물건을 안 사가요.
유아 손님들도 안 와서 장사가 잘 안될 것 같아요.
유아 가게 주인이 속상할 것 같아요.

➲ 보충과 대안이 잘 이루어지면 가게가 잘되지만 보충과 대안이 잘못 이루어지면 장사가 잘 안되고 주인이 속상할 것 같다며 아이들이 보충과 대안의 중요성에 대하여 알게 되었다.

"보충을 못하면 손님이 안 와요."

손님이 물건을 사서 주인이 돈을 벌어요.
손님이 안 와서 주인이 속상해요.

활동 | 5-8

보충과 대안에 대하여 알아보았어요.

▶ 보충과 대안에 대하여 알아본 점을 다시 한 번 이야기 나누며 생각해 보는 시간을 가졌다.

교사 보충과 대안에 대하여 알아보면서 무엇을 알게 되었나요?

유아 한 가지 물건을 다 팔면 다른 물건을 팔아야 하니까 다른 물건을 보충해요.

유아 보충을 잘하면 손님이 많이 와요.

유아 보충과 대안을 잘하려면 생각도 많이 해야 돼요.

유아 보충이 잘 안되면 손님들이 안 오게 돼요.

유아 손님들이 안 와서 장사가 안돼요.

유아 그러면 주인은 속상해요.

유아 맞아요.

➲ 보충과 대안에 대하여 알아 보면서 아이들이 가게 주인이 되었을 때 어떻게 하면 보충과 대안을 더욱 잘할 수 있을지에 대하여 알고 나중에 커서 가게 주인이 되면 생각도 많이 하고 빨리 준비해서 보충과 대안을 잘할 것이라며 말했다.

"보충을 잘하면 손님이 많이 오지?
"맞아!! 보충과 대안을 잘해야지."

"한 가지 물건을 다 팔면 보충할 수 있는 것을 준비해요."

6 희소성

활동 6-1

내가 꼭 가지고 싶은 물건이 있어요(왜 그것을 가지고 싶은지 이유 말하기).

▶ 꼭 가지고 싶어 하는 물건에 대하여 이야기를 나누면서 희소성과 연관하여 생각해 볼 수 있도록 했다.

교사 오늘부터 희소성이란 주제로 이야기를 나눌 거예요. 희소성이 무엇인지 알아요?

유아 잘 모르겠어요.

교사 희소성은 희귀하고 조금밖에 없는 것을 가리켜서 '희소성이 높다' 라고 이야기해요. 수선화반 친구들이 꼭 가지고 싶은 물건을 생각해 보고 왜 갖고 싶은지 이야기해 보기로 해요.

유아 저는 컴퓨터가 없어요. 그래서 컴퓨터를 꼭 갖고 싶어요. 집에서 심심하면 동화도 볼 수 있어서 좋을 것 같아요.

유아 저는 색종이가 꼭 필요해요. 색종이접기를 하면 정말 재미있어요.

교사 그렇구나. 또 어떤 것이 꼭 갖고 싶어요?

유아 색연필이 갖고 싶어요. 색연필이 있으면 색칠을 더 예쁘게 할 수 있어요.

유아 내가 사용할 수 있는 카메라를 갖고 싶어요. 내가 본 것을 직접 찍어서 간직할 수 있기 때문에 갖고 싶어요.

교사 그렇구나. 또 어떤 물건을 갖고 싶은지 이야기할 수 있나요?

유아 공부할 때 책상에서 하면 편안하게 할 수 있으니까 책상이 갖고 싶어요.

- 자신이 갖고 있지 않은 것 중에서 꼭 갖고 싶은 것과 그 이유를 생각해 보면서 나에게 없는 물건이 희소하다는 것을 아이들이 알 수 있었다.

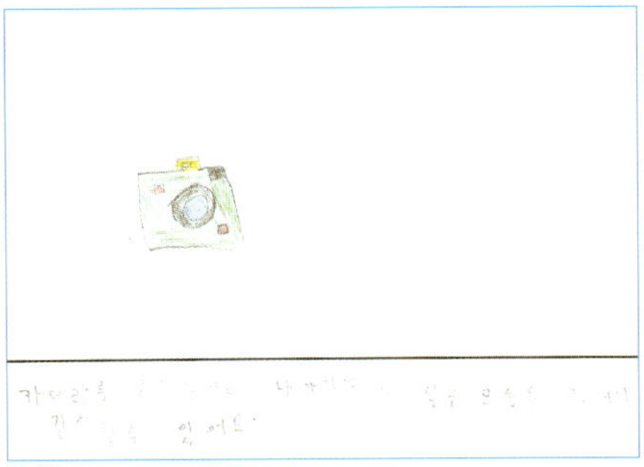

카메라를 갖고 싶어요. 내가 기억하고 싶은 모습을 찍어서 간직할 수 있어요.

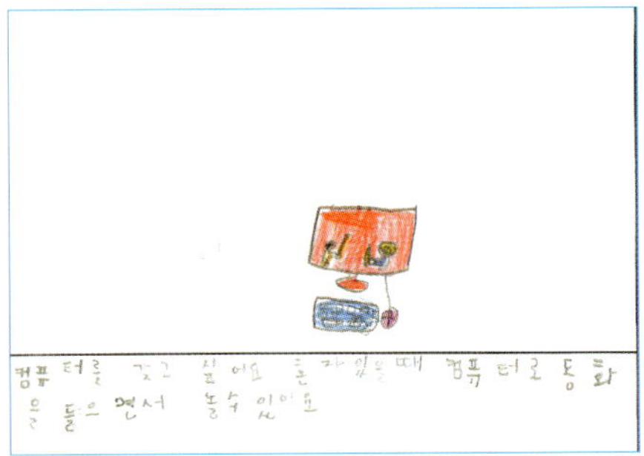

컴퓨터를 갖고 싶어요.
컴퓨터로 동화를 들으면서 놀 수 있어요.

활동 | 6-2

그 물건이 나에게 얼마나 가치가 있는지 알아보아요.

▶ 꼭 가지고 싶어 하는 물건이 각자에게 얼마나 희소성이 높은지 그 가치에 대하여 생각해 보고 이야기 나누었다.

교사 내가 꼭 갖고 싶은 물건과 그 이유에 대하여 이야기 나누었는데 그 물건들이 나에게 얼마나 가치가 있는지 이야기해 보려고 해요. 사람들은 가치에 대해서 나에게 소중하거나 귀한 것이면 '가치가 높아요.' 라고 이야기하는데 너희들이 이야기한 물건의 가치에 대하여 이야기해 봐요.

유아 컴퓨터는 저한테 가치가 높아요.

유아 내가 꼭 갖고 싶은 신발도 나한테 가치가 있는 물건이에요.

유아 팔찌를 갖고 싶은데 저한테 꼭 필요하고 가치있는 거예요. 그래서 소중하게 사용할 것 같아요.

유아 책상은 저에게 가치가 높은 물건이에요. 그래서 책상이 생기면 깨끗하게 사용할 거예요.

➲ 아이들이 각자 가지고 싶어하는 물건의 필요성을 다시 한 번 생각해 보면서 물건의 가치에 대하여 발표하고 희소성과 가치의 관계를 알아보았다.

팔찌는 나에게 가치가 높은 물건이에요.
우리 가족에게는 빌려 줄 수 있어요.

책상은 나에게 가치가 높은 물건이에요. 그래서
바르게 공부도 하고 깨끗이 사용할 거예요.

활동 | 6-3

희소성에 대한 생각 모으기 및 유목화

▶ 희소성에 대한 생각을 이야기 나누고 종이에 쓰고 생각 모으기 판에 모은 후 유목화 활동까지 연계해서 했다.

교사 희소성은 가치가 높고 소중한 것이라고 했는데 희소성 하면 무엇이 생각나요?

유아 보석이요.

유아 공기요.

유아 소중한 거예요.

유아 나는 줄넘기가 소중해요.

교사 희소성 하면 또 무엇이 생각나요?

유아 사막에 가면 물의 희소성이 높아요.

유아 맞아 동화책에서 봤는데 물도 사막에서 희소성이 높다고 했어요.

교사 그러면 희소성에 대하여 생각나는 것을 쓰고 같은 친구를 찾아 분류해 보기로 해요.

➲ 희소성에 대한 생각을 모으는 과정에서 아이들이 스스로 소중하다고 생각하는 것들도 자신에게는 희소성이 높다는 것과 상황에 따른 희소성도 있음을 이해하였다. 그리고 생각 모으기 활동 후 유목화를 해보면서 활동을 마무리했다.

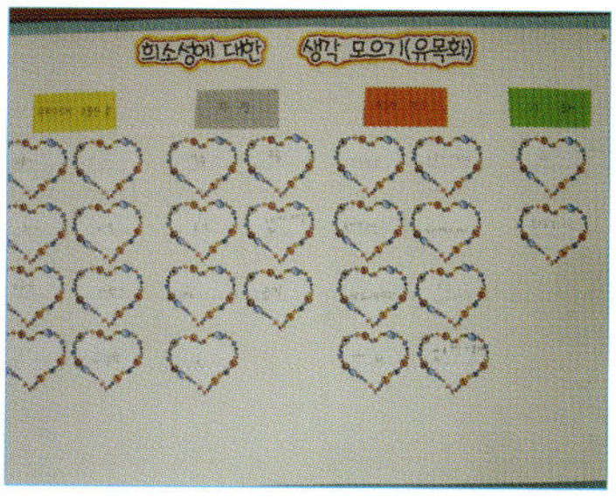

유목화 활동

우리에게 소중한 것	자원	희소한 경우	기타
컴퓨터 친구 동화책 지갑 …	공기 바다 석유 땅 …	비싸요. 가치가 높아요. 소중해요. …	수출 돈으로 살 수 있어요. …

활동 | 6-4

희소성 주제망 그리기

▶ 유목화 한 내용을 가지고 희소성 주제망을 그리기로 했다.

교사 희소성에 대한 주제망을 그려 보는 시간을 갖기로 해요. 선생님이 가족별로 작은 주제망 주제를 나눠 주면 가지를 그려 나가면서 주제망을 그려 보기로 해요.

유아 네.

교사 그리고 작은 주제망을 큰 종이에 붙여서 희소성 주제망을 완성하기로 해요.

"보석에는 사파이어도 있어."
"맞아~그것도 적자."

희소성에 대한 주제망 그리기

희소성 주제망

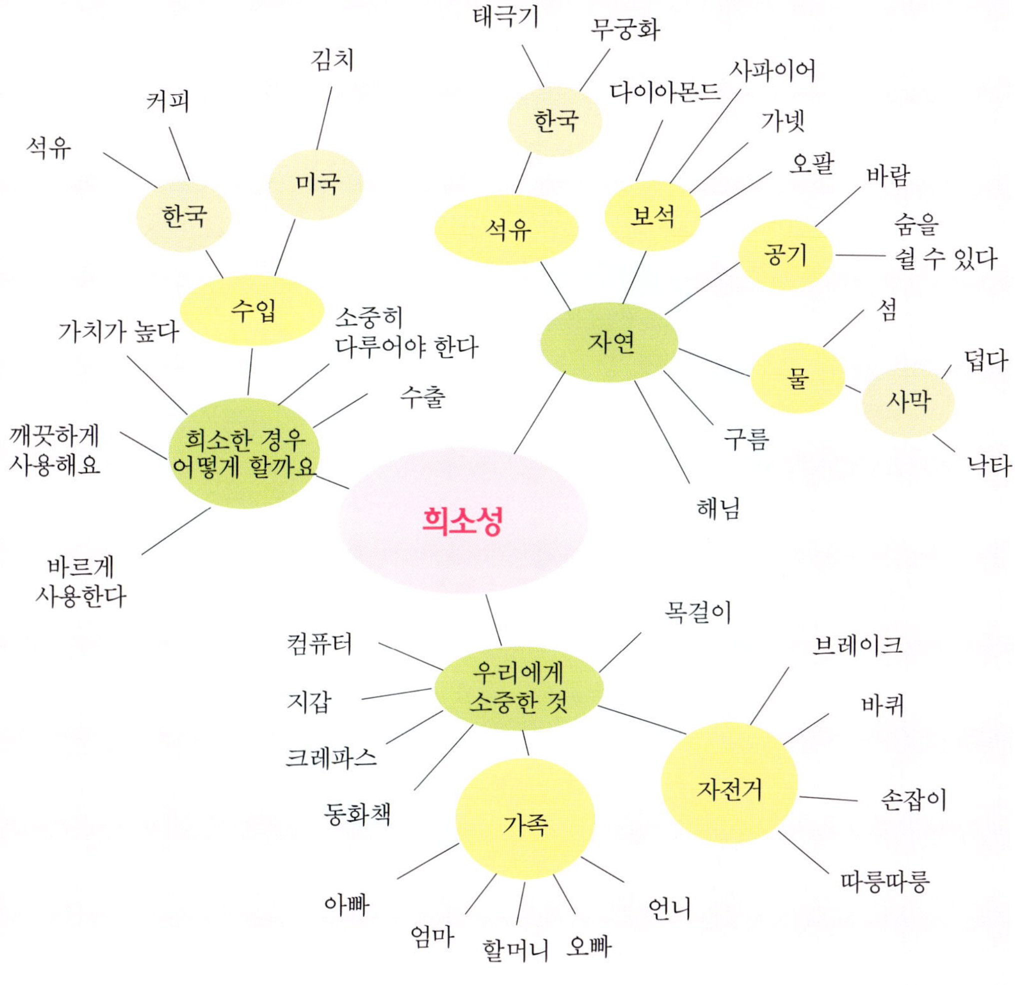
희소성
희소한 경우 어떻게 할까요
가치가 높다
소중히 다루어야 한다
수출
깨끗하게 사용해요
바르게 사용한다
수입
한국
석유
커피
미국
김치
자연
석유
한국
태극기
무궁화
보석
다이아몬드
사파이어
가넷
오팔
공기
바람
숨을 쉴 수 있다
물
섬
사막
덥다
낙타
구름
해님
우리에게 소중한 것
컴퓨터
지갑
크레파스
동화책
목걸이
가족
아빠
엄마
할머니
오빠
언니
자전거
브레이크
바퀴
손잡이
따릉따릉

활동 | 6-5 나에게 가장 소중한 물건은 어떤 것이 있을까요?

▶ 각자에게 소중한 물건이 무엇인지 생각해 보고 그 물건이 소중한 이유를 발표해 보았다.

교사 너희들은 집에서 가장 아끼거나 제일 좋아해서 소중하게 생각하는 물건이 있나요?

유아 네.

유아 있어요!

교사 그렇구나. 그러면 그 소중한 물건이 어떤 것인지 이야기해 볼 수 있나요?

유아 저는 앨범이 가장 소중해요, 내가 기억하고 싶은 모습도 있고 우리 가족들의 사진이 많아서 가장 소중해요.

유아 책이 소중해요. 왜냐하면 책을 많이 읽으면 똑똑해져요.

교사 또 어떤 소중한 물건을 갖고 있나요?

유아 우리 집에서 가장 소중한 물건은 내 목걸이에요. 아빠가 내가 착한 일을 했을 때 선물로 사주셔서 소중해요.

➲ 나에게 어떤 것이 가장 소중한지 생각해 보면서 아이들의 부모님께 받은 선물이나 자신이 자주 사용하는 것 중에서 소중하게 여기는 물건을 이야기하는 모습을 볼 수 있었다.

책을 읽으면 똑똑해지고 선생님과 공부할 때 도움을 주니까 소중해요.

지갑이 없으면 용돈을 받았을 때 아무데나 두면 없어지니까 지갑이 소중해요.

활동 | 6-6

우리 가족은 어떤 물건을 소중히 생각하고 있을까요?

▶ 우리 가족이 소중하게 생각하는 것은 무엇인지 집에서 알아온 내용을 이야기해 보는 시간을 가졌다.

교사 우리 가족들의 소중한 물건을 알아 오기로 했는데 알아보았어요?

유아 네.

교사 그러면 우리 가족에게 소중한 물건은 무엇이고 왜 소중한지 이유도 이야기할 수 있겠어요?

유아 네.

유아 우리 동생은 베개가 예쁘고 잠잘 때 꼭 필요해서 베개가 소중하다고 했어요.

교사 그렇구나.

유아 우리 아빠는 카메라가 소중하다고 했어요. 왜냐하면 나와 동생이 커가는 모습을 찍어 줄 수 있기 때문이래요.

유아 우리 엄마는 전화기가 소중하다고 했는데 급한 일이 있을 때 빨리 연락할 수 있기 때문에 소중하다고 했어요.

유아 동생은 블록이 소중하다고 했는데 블록을 가지고 놀 때 가장 재미있어서 소중하다고 이야기했어요.

➲ 가족들이 소중하게 생각하는 것을 알아보고 이야기하는 과정에서 우리 가족에 대한 관심도 더 많아지고 부모님에 대한 사랑을 느낄 수 있었다. 또 나에게만 소중한 것이 있는 것이 아니라 우리 가족들에게도 각자 소중한 것이 있고 그것이 가치가 있다는 것을 알고 좋아했다.

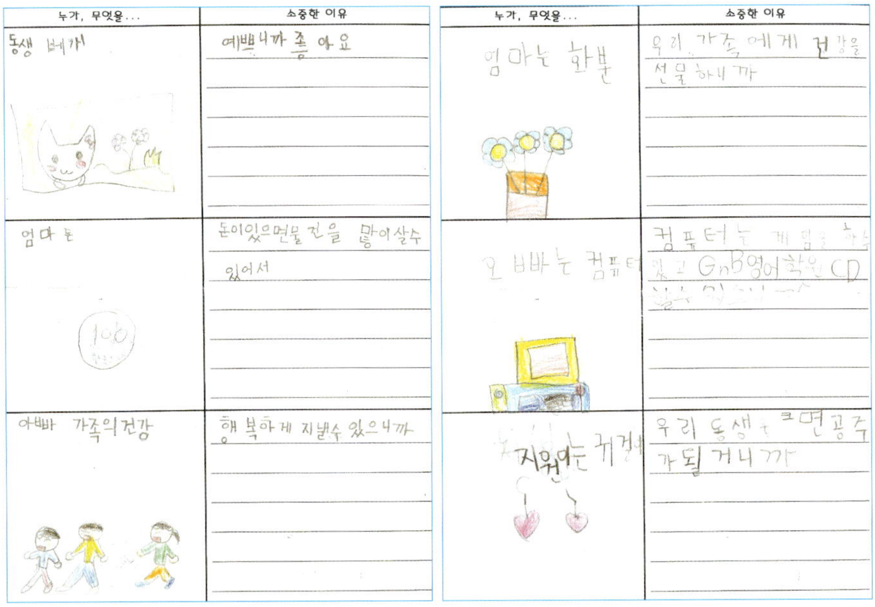

누가, 무엇을...	소중한 이유
동생 베개	예쁘니까 좋아요
엄마는 돈	돈이있으면물건을 많이살수 있어서
아빠 가족의건강	행복하게 지낼수 있으니까

누가, 무엇을...	소중한 이유
엄마는 화분	우리 가족에게 건강을 선물하니까
오빠는 컴퓨터	컴퓨터는 게임을 할수 있고 GnB영어학원 CD 볼수 있으니까
지원이는 귀걸이	우리 동생은 크면공주 가될거니까

아이들이 조사한 내용

활동 | 6-7

가장 소중한 물건을 잃어버렸다면 …….

▶ 나에게 소중한 물건이 가치가 높음을 알고 그 물건을 잃어버리게 되었을 때를 생각해 보고 이야기 나누었다.

교사 소중한 물건과 가족의 소중한 물건에 대하여 이야기해 보았는데 그 소중한 물건을 잃어버렸다면 어떤 마음이 될까요?

유아 많이 속상해요.

유아 눈물이 날 것 같아요.

유아 찾아봐도 없으면 슬플 것 같아요.

교사 그래요, 가장 소중하다고 생각하는 물건을 잃어버린다면 많이 속상해서 꼭 찾으려고 할 거예요. 그래서 소중한 물건을 잘 보관해야 되겠지요.

유아 네!!

유아 소중한 물건을 내가 잘 정리해 두어야 해요.

유아 저는 앨범이 소중한데 책꽂이에 잘 끼워 두었어요.

교사 그렇구나. 우리가 소중하다고 이야기한 물건들을 잃어버리지 않고 잘 보관하도록 조심해서 사용해야겠지요?

➲ 소중한 물건을 잃어버렸을 때 속상할 것 같다고 이야기하며 얼굴을 찌푸리기도 했고 잃어버리지 않기 위해서 잘 보관하고 소중하게 아껴서 사용해야겠다고 이야기하는 아이들도 있었다.

"나는 속상할 것 같아."
"나도, 눈물도 날 것 같아."

찾아봐도 안 보이면
슬플 것 같아요.

6 희소성

활동 | 6-8

돈으로 살 수 있는 것과 없는 것에 대하여 알아보아요.

▶ 돈으로 살 수 있는 것과 없는 것 중 희소한 것을 이야기해 보고 돈으로 살 수 없는 것의 가치에 대해 이야기 나누었다.

교사 우리는 돈으로 무엇을 살 수 있을까요?

유아 옷이요.

유아 음식을 사먹어요.

유아 신발도 사고 공책도 사요.

유아 집도 살 수 있어요.

교사 그래요. 우리 주변에는 돈이 있어도 살 수 없는 것들도 있는데 어떤 것이 있을까요?

유아 바람이요!!

유아 공기예요!! 공기는 돈을 주고 살 수 없어요.

유아 바다요!!

유아 해님이요.

교사 너희들이 이야기한 것처럼 공기나 바다 등과 같은 자연에서 우리가 얻는 것은 돈으로 살 수 없지만 우리 모두에게 소중한 것이에요. 돈으로 살 수 없는 자연적인 것을 함부로 사용하면 어떻게 될까요?

유아 깨끗하지 않아요.

유아 더러워져서 우리가 꼭 필요한 공기가 없으면 숨을 쉴 수 없어요.

유아 그러면 우리는 살지 못해요.

교사 그래요, 우리가 돈을 벌어서 살 수 있는 것과 달리 돈으로 살 수 없는 것도 있어요. 이런 것들은 희소성이 높을까요? 낮을까요?

유아 돈으로 살 수 없는 것이 희소성이 높아요.

유아 희소성이 높으니까 가치도 높아요.

유아 그러면 우리한테 소중한 거예요.

유아 그러니까 자연을 소중히 생각해야지.

교사 와~ 수선화반 친구들이 정말 좋은 생각을 하고 있구나.

돈으로 살 수 없는 것의 희소성과 가치를 알고 좋아했고 우리 가족이 사랑하는 마음이나 자연이 주는 것들도 가치가 있고 소중한 것임을 알게 해주는 시간이 되었다.

"우리가 사는 지구도 돈을 주고 살 수 없어!!"

돈으로 살 수 있는 것은 집, 나무, 스타킹, 팔찌이고
돈으로 살 수 없는 것은 해님, 구름, 사랑의 마음, 별, 달

활동 6-9 **내가 갖고 싶은 것이 나에게는 없고 친구에게만 있어요(어떻게 할까요?).**

▶ 나에게 희소성이 있는 것을 나는 갖고 있지 못하고 친구에게만 있는 경우 어떻게 해야 하는지에 대하여 이야기를 나누었다.

교사 만약 내가 정말 갖고 싶은 장난감이나 물건이 나에게는 없고 친구에게 있다면 어떻게 할까요?

유아 친구가 부러울 것 같아요.

유아 친구에게 빌려 달라고 이야기할 것 같아요.

유아 속상할 것 같고 나도 갖고 싶다고 생각할 것 같아요.

유아 친구에게 내가 갖고 있는 것과 바꾸자고 해요. 물물교환이요!!

유아 친구에게 빌려 달라고 해서 안 빌려 주면 화가 나서 싸울 것 같아요.

➲ 친구에게 빌려 달라고 하거나 또는 친구와 물물교환을 하겠다고 이야기하며 내가 꼭 갖고 싶은 것을 가지려고 했다. 그리고 친구가 안 빌려 주면 싸울 수도 있을 것 같다며 얼굴을 찌푸렸다.

너는 어떨 것 같아?

나는 속상할 것 같아.

친구하고 나하고 필요한 물건을 바꿔요.

친구랑 싸울 것 같아요.

활동 | 6-10

내가 갖고 싶은 것이 나에게는 있고 친구에게는 없어요(어떻게 할까요?).

▶ 내가 갖고 싶은 것이 나에게 있고 친구에게는 없다면 어떻게 할지 생각해 보았다.

교사 내가 갖고 싶은 것이 나에게는 있는데 친구에게 없다고 생각해 보고 어떻게 할지 이야기 나누어요.

유아 친구가 나만 갖고 있는 것을 보고 부러워할 것 같아요.

유아 친구가 빌려 달라고 하면 생각해 보고 빌려 주겠다고 할 것 같아요.

교사 그렇구나. 그런데 왜 바로 안 빌려 주고 생각해 보고 빌려 줄 거예요?

유아 내가 꼭 갖고 싶은 거면 나한테 소중한 거니까 생각해 보고 빌려 주려고요.

교사 또 어떤 생각을 했나요?

유아 친구가 속상해요.

유아 나만 갖고 있으니까 기쁠 것 같아요.

➲ 아이들이 내가 갖고 있으면 행복하고 기분이 좋지만 친구가 빌려 달라고 하면 고민을 하게 될 것 같다는 이야기를 하기도 했다.

나에게만 있으니까 기쁠 것 같아요.

친구가 속상해할 것 같아요.

활동 | 6-11

우리 주변에서 어떤 것이 희소성이 있는지 찾아보고 이야기해 본다.

▶ 우리가 생활하면서 희소하다고 아이들이 느끼는 것에 대하여 이야기 나누었다.

교사 우리 주변에서도 희소한 것들이 있는데 무엇이 희소성이 있다고 생각해요?

유아 교실에 있는 교구가 희소성이 있어요. 왜냐하면 한 가지씩만 있으니까 희소성이 있어요.

유아 시계도 희소성이 있어요. 시계가 없으면 불편해요.

유아 물도 희소성이 있어요.

유아 공기도 희소성이 있어요.

유아 맞아요, 공기가 없으면 우리가 살 수 없어요.

➲ 우리 주변에서 아이들이 생활공간이나 환경을 생각하며 희소성에 대하여 이야기하는 것을 볼 수 있었다. 그리고 아이들에게 명화 소개를 해주고 명화도 하나의 희소성이 높은 것임을 이해하도록 하였으며 명화 따라 그리기 활동도 해보았다. 또한 우리 주변뿐만이 아니라 우리나라 그리고 다른 나라에서는 무엇이 희소성이 있는지에 대하여도 알아보기로 하였다.

교구가 한 가지씩만 있어서 희소해요.

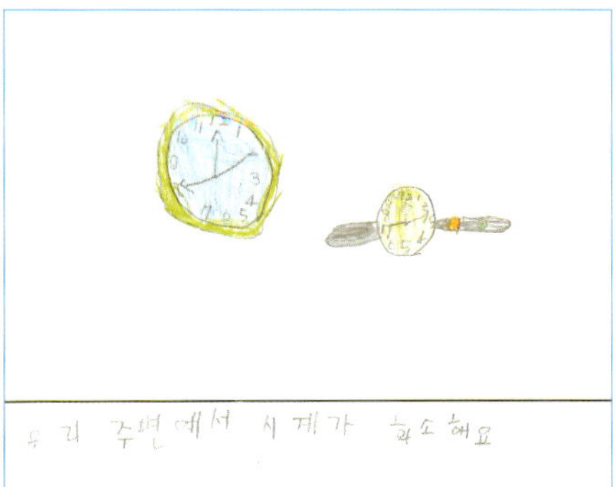

우리 주변에서 시계가 희소해요.

"사과도 그려야지!"
"와~진짜 똑같이 그리네."

고흐의 해바라기 명화를 따라 그렸어요.

활동 6-12

각 나라마다 희소성이 다르다는 것을 알고 어떤 것이 희소성이 있는지 찾아본다.

▶ 각 나라마다 희소성이 있다는 것을 알고 나라마다 희소성이 있는 것이 무엇이 있는지 알아보았다.

교사 우리 주변에서 희소성이 있는 것을 알아보았는데 우리나라와 다른 나라에서는 무엇이 희소성이 있는지 알아보려고 해요. 먼저 우리나라는 어떤 것이 희소성이 있을까요?

유아 석유가 희소성이 있어요.

유아 커피도 희소성이 있어요.

유아 그럼 다른 나라는 무엇이 희소성이 있어요?

교사 선생님이 그림 자료를 가지고 왔는데 이것을 보면서 각 나라마다 희소성이 있는 것이 무엇인지 알아 보아요.

(그림 자료를 통해 각 나라에서 희소한 것을 소개해 준다.)

한국(원유-석유)

미국(자유의 여신상)

이집트(피라미드)

일본(김치)

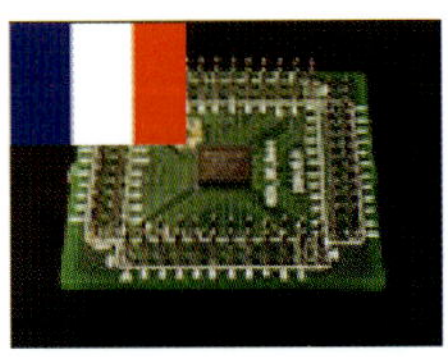
프랑스(반도체)

칠레(모아이상)

교사 이렇게 각 나라마다 희소성이 있는 것들이 있어요. 자원도 희소성이 있지만 그 나라에서 오래된 문화유적지나 유물, 건축, 명화 등도 딱 하나밖에 없는 것들이기 때문에 희소성이 있다고 이야기해요.

유아 선생님, 그러면 제주도에 있는 한라산도 희소한 거지요?

교사 그럼요. 우리가 살고 있는 제주도에는 한라산 외에 많은 것들이 있어요.

우리나라와 다른 나라에서 희소성이 있는 것을 이야기 나누면서 그 나라의 문화유산도 희소성이 있다는 것을 느끼고 소중하게 생각해야 되겠다고 이야기하였다.

각 나라에서 필요한 물건이 있는데 그 물건이 많이 없으면 희소성이 있다는 것도 알게 되었다.

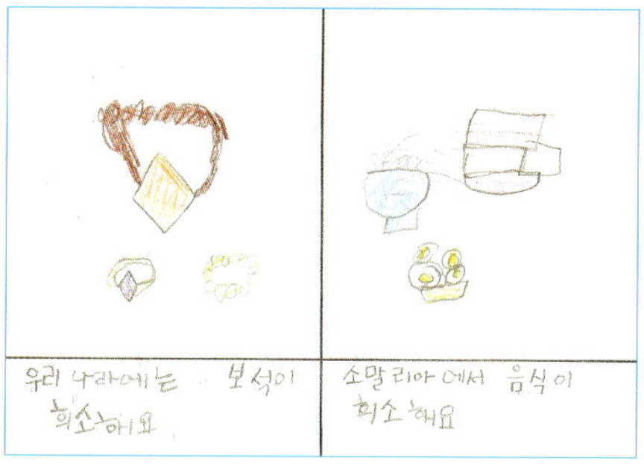

우리나라는 보석이 희소하고
소말리아는 음식이 희소해요.

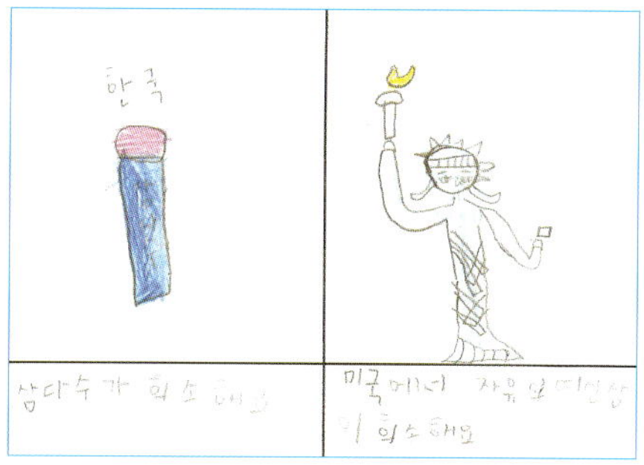

한국은 삼다수가 희소하고
미국은 자유의 여신상이 희소해요.

활동 | 6-13

여러 나라에서 희소성이 있는 것을 어떻게 할까요?(수입과 수출)

▶ 우리나라와 다른 나라에서 희소성이 있는 것을 어떻게 구입하는지 알아보기로 했다.

교사 우리나라에서는 석유가 희소성이 있다고 했지요?

유아 네.

교사 그러면 희소한 석유를 어떻게 구할 수 있을까요?

유아 석유가 많이 나는 나라에서 구입했어요.

유아 맞아요, 돈을 주고 석유를 사오는 거예요.

교사 그러면 다른 나라에서도 희소성 있는 것들을 어떻게 할까요?

유아 서로 필요한 것을 나라끼리 바꾸자고 해요.

유아 수입을 하면 돼요.

교사 수입이 무엇인지 알아요?

유아 네, 우리나라가 다른 나라에서 물건을 사오는 거예요.

교사 맞아요, 그러면 우리나라가 다른 나라에 물건을 팔 수도 있겠지요?

유아 네.

교사 다른 나라에 물건을 파는 것을 수출이라고 하는데 나라마다는 이렇게 수입과 수출을 통해서 서로가 희소성이 있는 것을 구입해서 사용하고 있어요.

우리나라는 석유가 희소해.

그래서 다른 나라에 돈을 주고 석유를 사오지.

각 나라마다 희소성 있는 것을 수입과 수출을 통하여 사용한다는 것을 이해하고 아이들이 수입과 수출에 대하여 이해할 수 있도록 자유선택활동 시간에 교구를 준비해 주었더니 좋아했다.

자기 나라에 없는 물건을 다른 나라에서 수입해요.

서로 필요한 물건을 물물교환처럼 바꿔요.

수입, 수출 게임 교구를 하는 아이들

활동 | 6-14

우리는 희소성 있는 것들을 어떻게 사용해야 할까요?

▶ 희소성 있는 것을 어떻게 사용하면 좋을지 생각해 보고 이야기 나누었다.

교사 우리 주변, 그리고 각 나라마다 희소성 있는 것들이 있다고 했어요.
그러면 희소성 있는 것을 어떻게 사용해야 하는지 생각해 보고 이야기하기로 해요.

유아 아껴서 사용해요.

유아 교실에서 희소성이 있다고 생각하는 물건들을 바르게 사용해요.

유아 제주도에 있는 한라산도 하나밖에 없어서 잘 보호해야 돼요.

유아 희소성 있는 것을 함부로 사용하면 안돼요

유아 우리나라에 석유가 많이 없어서 다른 나라에서 수입하니까 아껴서 사용해야 해요.

유아 그러면 걸어서 다녀야 해요.

➲ 희소성 있는 것을 아껴서 사용하고 소중하게 여겨야 한다고 말하는 아이들의 모습에서 진지함을 느낄 수 있었다.

희소한 물건을 소중하게 사용할 거예요.

자동차를 타면 석유가 낭비되니까
걸어서 다녀요.

활동 6-15

희소성에 대하여 알아보았어요.

▶ 희소성에 대하여 알아보면서 아이들이 그동안 알게 된 점과 느낀 점을 이야기 나누며 다시 한 번 희소성에 대하여 생각해 보는 시간을 가졌다.

교사 희소성에 대하여 여러 가지 이야기를 나누었는데 희소성이 무엇이라고 했나요?

유아 희소성은 조금밖에 없는 것을 이야기해요.

유아 희소성이 높으면 가치도 높아요.

유아 나한테도 희소성이 있는 것이 있고 우리 가족에게도 희소성이 있는 것이 있어요.

유아 희소성이 있는 것을 아껴서 사용해요.

유아 여러 나라마다 희소성 있는 것이 있어서 수입도 하고 수출도 해요.

교사 또 어떤 것이 생각나요?

유아 희소성 있는 것을 사람들이 먼저 구입하려고 싸울 수도 있어요.

교사 그러면 희소성에 대하여 알아보면서 기억에 남는 것을 그림과 글로 표현해 보기로 해요.

➲ 희소성에 대하여 알아보면서 교실에서 함께 사용하는 물건 하나라도 소중히 다루고 아껴서 사용하는 모습을 볼 수 있었다. 우리나라에서 희소성이 있는 것도 수입을 해야 하기 때문에 모든 사람들이 아껴서 사용하면 좋겠다고 이야기하기도 했다.

나에게 소중한 물건을 깨끗이 사용해요.

희소성이 높은 것은 쉽게 구할 수 없어요.

Ⅳ. 경제 프로젝트 마무리

1 경제 프로젝트의 마무리 활동

마무리활동 | 1

경제 프로젝트를 마치며(나의 다짐)

▶ 경제 프로젝트를 하면서 아이들이 느낀 점에 대하여 이야기 나누고 앞으로 경제 생활을 할 때 나의 다짐을 생각해 보고 이야기하는 시간을 가졌다.

교사 이제까지 화폐가치와 교환, 기회비용, 재화와 서비스 그리고 자원과 생산, 보충과 대안, 마지막으로 희소성까지 우리가 알아보면서 많은 것들을 알게 되었어요. 그래서 경제 프로젝트를 하면서 느꼈던 점들이 많았을 것 같았는데 다시 한 번 경제에 대하여 알아보았던 점을 생각하면서 어떻게 하면 우리가 바른 경제생활을 할 수 있을지 이야기해 보아요.

유아 물건을 살 때 잘 선택해서 살 거예요.

유아 선택을 잘할 거예요.

유아 용돈을 받으면 저금을 할 거예요.

유아 내가 산 물건을 소중히 아껴서 사용할 거예요.

유아 물도 깨끗이 쓰고 나무도 보호할 거예요.

➲ 아이들이 경제 프로젝트를 하는 동안 스스로 물건을 사보고 물건을 만들어서 팔아 보기도 하며 아껴 쓰고 바르게 돈을 사용해야 한다는 것을 알고 스스로 느끼는 모습이 대견스러웠다.

마무리활동 | 2

나와 친구의 용돈 기입장 비교하기

▶ 그동안 기록했던 용돈 기입장을 가지고 와서 친구들에게 어떻게 용돈을 벌고 용돈 기입장을 사용했는지 비교해 보기로 했다.

교사 그동안 집에서 기록했던 용돈 기입장을 가져와서 이야기 나누기로 했는데 모두들 가져왔나요?

유아 네.

교사 그러면 어떻게 용돈을 벌었나요?

유아 엄마가 밥을 차릴 때 준비하는 것을 도와드렸어요.

유아 청소를 했어요.

유아 신발정리를 해서 용돈을 받았어요.

교사 그렇구나. 그러면 용돈을 받아서 어떻게 했나요?

유아 저금했어요.

유아 돼지저금통에 넣었어요.

유아 내가 필요한 물건을 사기도 했어요,

교사 그러면 지금부터 친구가 쓴 용돈 기입장과 내가 쓴 용돈 기입장을 보면서 비교해 보기로 해요.

(서로의 용돈 기입장을 보고 난 후)

유아 친구가 용돈 기입장을 열심히 쓴 것 같아요.

유아 나도 더 열심히 써야겠다는 생각을 했어요.

유아 용돈을 아껴 써야겠다고 느꼈어요.

➡ 열심히 용돈 기입장을 기록한 아이들의 모습을 보면서 앞으로도 계속 용돈 기입장을 써나갈 수 있도록 해야겠다는 생각을 했다. 그리고 친구와의 용돈 기입장을 서로 비교해 보면서 나보다 더 열심히 기록한 친구를 보며 자기 자신도 더욱 열심히 써야겠다는 이야기를 하기도 했다.

마무리활동 | 3 바자회 계획하기 1 – 물건 만들기

▶ 바자회를 준비하면서 아이들이 직접 만들 수 있는 물건을 만들고 어떻게 물건을 팔지 이야기 나누며 바자회 계획을 세웠다.

교사 이번 시간에는 우리가 바자회에 팔 물건을 만들어 볼 거예요. 어떤 물건을 만들고 싶어요?

유아 컵받침이요.

유아 목도리를 만들고 싶어요.

유아 티슈케이스를 만들고 싶어요.

유아 샌드위치를 만들고 싶어요.

교사 그래요. 우리 친구들이 바자회 때 판매할 물건들이 참 많은 것 같아요. 그런데 많은 것들을 만들면 좋겠지만 이번에는 컵받침과 목도리를 만들면 어떨까요?

유아 네.

유아 다른 것은 다음에 또 만들어요.

교사 네, 그렇게 해요. 그러면 두 팀으로 나누어서 컵받침과 목도리를 각각 만들어 보기로 해요. 여기 앞에 선생님이 가지고 온 재료를 살펴볼까요?

유아 예쁜 종이가 있어요.

유아 그리고 풀도 있어요.

유아 어, 이거는 우리 액자 만들 때 사용했던 거다!!

교사 이 종이는 하드보드지라는 건데요, 단단해서 우리가 만들 컵받침 역할을 해줄 수 있고, 또 옆에 있는 예쁜 종이는 우리나라의 전통 한지예요. 이 한지를 우리가 모자이크 할 때처럼 찢어서 여기 하드보드지 위에 붙여 줄 거예요. 할 수 있겠죠?

유아 네. 재미있을 것 같아요.

교사 그럼 이것은 무엇일까요?

유아 목도리를 만들 때 사용하는 거예요.

유아 우리 엄마가 만드는 것 봤어요.

교사 그래요. 이것은 털실인데요. 여기 파란 틀에 끼워서 목도리를 짤 수 있어요.
그럼 다함께 열심히 만들 수 있지요?

유아 네.

아이들이 직접 물건을 만드는 과정에서 힘들어 하기도 했지만 정성을 다해 만드는 모습을 볼 수 있어 좋았다. 그리고 우리가 사용하는 물건이나, 옷, 음식 등을 만드시는 여러 사람들의 고마움에 대해서도 느낄 수 있는 시간이 되었다.

컵받침 완성

마무리활동 4 **바자회 계획하기 2 – 물건을 만들고 나서 느낀 점과 만든 물건을 어떻게 할까요?**

교사 컵받침과 목도리를 만들어 보니까 어땠나요?

유아 재미있었어요.

유아 컵받침이 예뻐서 내가 갖고 싶다는 생각이 들었어요.

유아 목도리를 짤 때 힘들었는데 완성되니까 좋았어요.

유아 목도리도 예뻐요.

유아 기분이 좋았어요.

교사 그러면 너희들이 만든 물건을 어떻게 하면 좋을까요?

유아 빨리 바자회가 열려서 우리가 만든 컵받침을 팔고 싶어요.

유아 바자회때 같이 팔아요.

유아 맞아요. 목도리도 팔고 컵받침도 팔아서 돈을 벌면 좋은 일에 쓸 수 있어요.

교사 그러면 우리가 목도리와 컵받침을 팔려면 가격을 정해야 해요. 얼마에 팔면 좋을까요?

유아 컵받침을 2,000원에 팔아요.

유아 목도리를 1,000원에 팔아요.

유아 아니야, 그럼 너무 싼 것 같아요. 10,000원에 팔고 싶어요.

➡ 자신들이 직접 만든 물건에 대하여 뿌듯해 하고 좋아하는 아이들의 모습을 보았다. 그리고 물건을 바자회때 팔기로 하여 물건의 가격을 정해보았는데 아이들은 자신들이 열심히 만든 것이기 때문에 서로 가격을 이야기할 때 너무 싸다고 이야기하며 만원에 팔자고 이야기하는 친구들도 있었다.

마무리활동 | 5

경제에 대한 동시 쓰기

▶ 경제에 대하여 알아보면서 느낀 점을 동시로 표현했다.

교사 오늘은 그동안 알아보았던 경제 프로젝트에 대하여 다시 한 번 생각해 보고 동시를 쓰기로 해요. 경제 프로젝트를 하면서 화폐가치와 교환, 기회비용 등 여러 가지에 대하여 알아보았는데 무엇이 생각나요?

유아 은행에 가서 저금도 하고 일하시는 분들도 만났어요.

유아 마트에 가서 요리활동 재료를 샀던 기억이 나요.

유아 물건을 살 때 선택을 잘해야 해요.

교사 또 무엇이 생각나요?

유아 생산자가 물건을 만들면 소비자가 물건을 사요.

유아 가게에서 보충과 대안을 잘해야 장사가 잘 돼요.

교사 기억을 잘하고 있네요. 그러면 경제 프로젝트를 하면서 어떤 점을 느꼈나요?

유아 앞으로도 경제 공부를 많이 할 거예요.

유아 용돈 기입장도 잘 쓰고 저금도 많이 할 거예요.

유아 돈을 모아서 어려운 사람들을 도와줄 거예요.

교사 그러면 너희들의 생각을 동시로 써보기로 해요.

➲ 경제에 대한 동시 쓰기를 하면서 아이들이 경제 개념에 대하여 하나하나 이해하고 바르게 경제활동을 하려고 하는 자세를 볼 수 있었다. 그리고 완성한

동시 작품을 친구들 앞에서 소개하기도 했다.

경제

양준섭

경제는 재미있어요.

어른이 되면 돈을 모아서
어려운 사람을 도와드릴 거예요.
저금도 할 거예요.

경제를 알게 되어서
생각주머니도 커지고
계속해서 경제 공부를
하고 싶어요.

경제

현서우

용돈 기입장을 쓰면
기분이 좋아요.

물건을 살 때
저금을 할 때
돈을 벌었을 때

계속 용돈 기입장을 써서
부자가 될 거예요.

경제

김건오

서비스를 잘 하면
손님이 많이 와요.

돈으로 필요한
물건도 사고

어려운 사람들도
도와줄 거예요.

마무리활동 | 6

경제 북아트 만들기

▶ 경제 북아트를 만들면서 각 주제에 대하여 다시 한 번 생각해 보는 시간을 가졌다.

교사 오늘은 경제 북아트를 만들어 볼 거예요. 선생님이 준비해 온 종이에 경제에 대하여 알아본 것을 기록하고 경제 북아트를 만들기로 해요.

유아 네.

교사 첫 번째 경제에 대한 다짐을 다시 한 번 기록해 볼 거예요. 지난 시간에 나누었던 너희들의 다짐들 기억해요?

유아 네!

유아 저는 용돈 기입장을 열심히 쓰겠다고 다짐했어요.

유아 저는 자원을 보호한다고 했어요.

교사 그러면 나의 다짐을 다시 한 번 기록해 보아요. 그리고 그 다음에는 경제에 대한 표어를 써보기로 해요. 우리가 경제에 대하여 알게 된 점들을 어떤 말로 알려 주면 좋을지 생각해 봐요.

유아 '돈을 아껴 써요.' 라고 말해요.

유아 '물건을 살 때 선택을 잘해요.' 라고 이야기해 줘요.

경제 북아트를 만들며 아나바다를 알아봤어요.

우리가 만든 경제 북아트

- 북아트 만들기를 통해 다시 한 번 경제 개념들을 알아보는 시간이 되었다. 자기만의 경제 책이 생겼다고 좋아하기도 했다. 그리고 경제 표어를 만들어 보면서 아이들이 다른 사람들에게도 우리가 생각한 말들을 알려 주면 좋을 것 같다는 의견들이 나와서 다음 시간에는 경제 캠페인을 하기로 했다.

마무리활동 | 7

경제에 대한 캠페인

▶ 경제 표어를 이용하여 캠페인 구호를 만들고 캠페인을 하기로 했다.

교사 지난 시간에 경제 북아트를 만들면서 경제 표어를 생각해 보았어요. 어떤 경제 표어들을 만들었나요?

유아 시장바구니를 많이 사용합시다!!

유아 돈을 아껴 쓰고 저금을 많이 해요.

유아 과소비를 하지 맙시다.

유아 어려운 사람들을 도와요.

교사 그러면 경제 캠페인을 어디에서 하면 좋을까요?

유아 밖에 나가서 다른 사람들에게 캠페인을 해요.

유아 사람들이 많이 있는 곳에 가면 더 많이 알려 줄 수 있어요.

유아 그러면 바자회를 열 때 사람들이 많이 오니까 캠페인을 해요.

유아 와~ 그러면 정말 캠페인을 잘 할 수 있을 것 같아요.

교사 그러면 경제 캠페인을 바자회때 같이 해서 엄마, 아빠, 여러 사람들에게 경제 표어를 알려 주기로 해요.

- 아이들이 열심히 어깨띠에 경제 표어를 쓰고 빨리 경제 캠페인을 하고 싶다며 이야기하는 모습들이 보기 좋았다. 그리고 어떻게 하면 경제 캠페인을 잘 할 수 있을지 계획해 보고 바자회를 여는 날 아이들 모두가 경제 캠페인을 잘 하기로 다짐하는 모습도 보았다.

마무리활동 | 8

바자회를 열어요.

▶ 그동안 아이들이 직접 만든 작품과 부모님들의 보내 주신 물건 등을 가지고 바자회를 열고 경제 캠페인을 펼쳤다.

아이들이 그동안 정성껏 만든 물건을 직접 팔며 “저희가 직접 만들어서 이곳에서만 살 수 있어요!”, “어려운 사람들을 도울 거예요.” 하고 열심히 주인 역할을 하는 모습과 경제 캠페인을 벌이며 바자회를 마치고 난 후 물건을 다 팔아서 기분이 좋다고 말하는 아이들의 모습에서 뿌듯함을 느낄 수 있었다.

마무리활동 | 9

불우이웃을 도와요.

▶ 여름 캠프 때 물건을 만들어서 판매한 수익금과 바자회를 통해 번 수익금을 합쳐서 우리 주변에 있는 소녀, 소년 가장에게 장학금으로 전달했다.

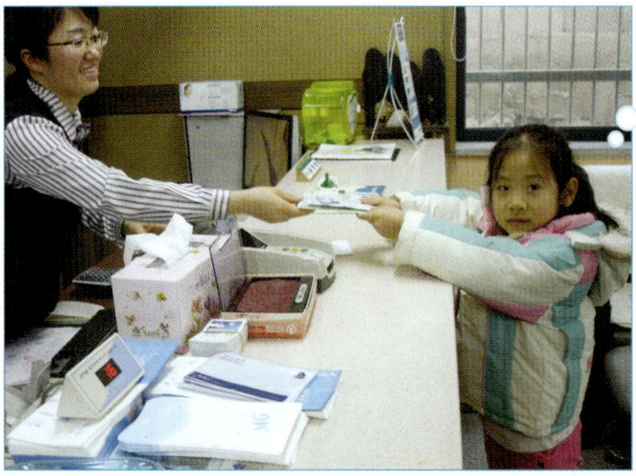

아이들이 직접 장학금을 전달하고 우리가 준비한 공연도 소녀, 소년 가장들에게 뽐내며 뜻 깊은 시간을 보낼 수 있었다. 그리고 "어려운 사람을 우리가 도와주어서 기분이 정말 좋아요." 라고 말하며 흐뭇해하는 모습을 볼 수 있었다.

2 경제 프로젝트를 마치며

처음 아이들에게 '경제 프로젝트'를 소개하고 시작하는 과정에서 아이들이 경제라는 커다란 개념을 잘 이해할 수 있을까, 어려워하지는 않을까?' 라는 걱정을 하였습니다. 프로젝트를 조금씩 진행해 나가는 과정 속에서 아이들이 시간이 지날수록 변화되는 모습을 볼 수 있었습니다.

처음 화폐가치와 교환의 개념을 알아보면서 아이들은 물건을 사려면 돈이 필요하고 돈을 대신하는 카드나 상품권 등의 필요성을 알게 되었습니다. 그리고 물건을 사기 위해 이러한 돈과 돈을 대신하는 것을 사용하여 교환한다는 것을 알고 직접 마트나 시장에 갔을 때 경험한 것에 대해 이야기를 나누었습니다. 그러면서 경제 프로젝트 활동의 흥미는 점점 높아 갔습니다.

그리고 기회비용, 재화와 서비스, 자원과 생산, 보충과 대안, 마지막으로 희소성에 대해 알아보는 과정 속에서 친구들과 직접 마트에 가서 물건을 구입해 보며 꼼꼼하게 모양, 가격 등을 확인하고 계산하면서 영수증과 거스름돈을 받아 보았습니다.

그리고 받은 영수증으로 "내 것은 2,990원이야."라고 서로의 가격을 비교하는 아이들의 모습도 보았습니다.

이러한 활동으로 변화된 아이들의 모습들을 볼 수 있었습니다.

교구를 다룰 때 소중히 하고, 연필, 지우개 등 함께 사용하는 물건을 낭비하지 않고 아껴서 사용하는 아이들을 보면 너무나 대견스러웠습니다.

이러한 여섯 가지 경제 개념을 알아나가는 과정에서 아이들은 돈의 소중함을 알고, 물건을 소중히 하는 일에 관심을 갖게 되고, 우리 주변에 있는 어려운 이웃들에 대해서 관심을 보였습니다. 그래서 어떻게 하면 우리가 도울 수 있는지 이야기를 나누면서 어려운 이웃을 돕고 싶어했습니다.

물건을 만들어서 직접 팔아야겠다는 아이들의 의견들이 모아져서 재료 준비며 팔 수 있는 물건을 만들기까지 여러 활동들을 했고, 바자회를 열어서 "우리가 직접 만들었어요. 어려운 이웃을 도울 거예요!!"라고 힘차게 외치며 직접 만든 물건과 바자회 물품을 팔아서 그 수익금으로 어려운 이웃을 돕는 아이들의 마음이 너무나 따뜻하게 느껴졌고 아이들 또한 뿌듯해 하는 것을 느낄 수 있었습니다.

이번 경제 프로젝트를 통해 우리 아이들에게 앞으로 어른이 되어서도 올바른 경제 습관이 지속될 수 있도록 우리 모두가 노력해야겠다는 생각을 했습니다.

참고문헌

강수진(2005). 엿 파는 총각. 경기도:원더랜드.

구인애(2006). 돌부처에게 비단 판 바보. 경기도:창비.

국정교과서주식회사(2005). 동물마을의 목수 아저씨.

그림나무(2006). 부자가 된 신데렐라 거지가 된 백설공주. 경기도:을파소.

김민정(2005). 내 친구 현배가 이사 간대요. 경기도:원더랜드.

______(2005). 든든해요. 경기도:원더랜드.

김상규(2002). 62가지 경제이야기. 서울:북이즈.

김수경(2006). 부자습관을 길러주는 소녀경제백과. 서울:글송이.

김지수(2005). 가로등 할아버지. 경기도:원더랜드.

도날드홀(1997). 달구지를 끌고. 서울:비룡소.

동산밭어린이집(2005). 유아 인성 교육을 위한 경제 프로젝트 사례. 서울:창지사.

믹매닝(2001). 냠냠쩝쩝 레스토랑. 국정교과서주식회사

변우만(2005). 아라와 산타할아버지. 경기도:원더랜드.

______(2005). 파란리본. 경기도:원더랜드.

변혜원(2005). 색깔 솜사탕. 경기도:원더랜드.

______(2005). 호두까기 인형 무도회. 경기도:원더랜드.

사라스튜어트(1998). 도서관. 서울:시공주니어.

서명수(2005). 사자와 산토끼. 이솝우화로 배우는 경제. 서울:인북스.

송양민, 이찬교(2006). 초등학생들이 가장 궁금해하는 경제 이야기 51. 경기도:을파소.

쓰쓰이 요이코(1991). 이슬이의 첫 심부름. 서울:한림출판사.

아넬리제 루세르트(1995). 달님이 준 금화. 서울:한국몬테소리.

양주리(2005). 돌밭을 일구는 아이. 경기도:원더랜드.

_____(2005). 설날 아침에는 세뱃돈을 받아요. 경기도:원더랜드.

어린이문화진흥회(2002). 황금알을 낳는 돼지 저금통.

유영진 외(2005). 숙제 주식회사. 서울:동화사.

이경선(2005). 우비소년과 함께 풀어보는 재미있는 경제 이야기. 경기도:홍진 P&M.

이문정(1993). 무엇이 될까? 경기도:국민서관.

이솝(2003). 개미와 비둘기. 서울:예지현동화마을.

이승재(2006). 부자 아빠가 들려주는 금융 이야기. 서울:미래주니어.

이연주(2006). 재미있는 경제 이야기. 서울:가나출판사.

이영(1989). 황금 알을 낳는 거위. 서울:랭귀지플러스.

이영경(2005). 개구리밥 사세요. 경기도:원더랜드.

임정진(2000). 다같이 걸어갈까. 서울:두산동아.

임지보(2005). 별요정은 무엇을 좋아할까. 경기도:원더랜드.

_____(2005). 하마 마을 꾸울꺽 감독님. 경기도:원더랜드.

임홍빈(2002). 세계의 백만장자들은 어떻게 부자가 되었을까? 서울:가가.

장지윤(2005). 꼬마돼지의 엄마찾기. 경기도:원더랜드.

_____(2005). 할아버지 농장의 생일파티. 경기도:원더랜드.

주디스 바이오스트(2004). 부자가 되고 싶은 알렉산더. 서울:지양어린이.

진금옥(2007). 유아의 경제교육을 통한 아나바다 경제활동 및 구매행동에 관한연구.

최설희(2006). 부자와 거지는 왜 있는 걸까? 서울:어린른이.

최혜영(1955). 누가 하나요. 한국어린이육영회.

최혜영(2004). 유아 경제동화. 서울:명진출판사.

펑즈베이(2004). 내 저금통 깨지 마. 서울:디자인하우스.

한국교육개발원(1987). 밀에서 빵까지. 서울:민문고.

한국아동교육 연구학회(1993). 무역이야기.

한국어린이육영회(1922). 모자장수와 원숭이.

V.A. 치지코프(1955). 농부와 곰. 한국어린이육영회.

저자 소개

진금옥

동산밭 어린이집 원장
제주한미몬테소리협회 몬테소리 강사 및 회장
현재 제주관광대 유아교육학과
부산 동의대 경영대학원 경영학박사

저서

『몬테소리일상, 감각, 수학, 언어, 문화 영역』(2003, 공저) 창지사
『유아 인성 교육을 위한 경제 프로젝트 사례』(2005) 창지사
『21세기 마케팅』(2005, 공저) 한경사
『제주 생태자원을 활용한 보육프로그램3』(2007, 공동연구진행) 창지사

주요논문

「보육서비스 품질지각과 고객만족에 관한 연구」
「제주지역 어린이집의 서비스 품질에 관한 연구」
「An Application Study of Data Mining Technique for CRM(Customer Relationship Management)」
「관계마케팅에서 고객의 서비스 품질 지각과 만족에 관한 연구」
(어린이집 경영을 중심으로)
「유치원의 고객만족 결정요인과 고객충성도 분석」
「유아의 경제교육을 통한 아나바다 경제활동 및 구매행동에 관한 연구」
「동양문화권의 아나바다프로젝트활동과 구매활동과의 관계」
「한국의 차 소비문화 특성 연구」

프로그램 연구자

김윤희 · 나소정 · 이정희 · 이지혜 · 이하나 · 강심덕 · 이미선 · 고지은

개정 유아 인성 교육을 위한

경제 프로젝트 사례

초판 1쇄 발행 2005년 8월 19일
초판 4쇄 발행 2010년 1월 5일
개정 1쇄 인쇄 2010년 10월 29일
개정 1쇄 발행 2010년 11월 5일

지 은 이 | 동산밭어린이집
펴 낸 이 | 김기섭
책임편집 | 최창숙
펴 낸 곳 | 창지사 www.changjisa.com
121-809 서울시 마포구 대흥동 161
전화 (02) 719-2211~3
팩스 (02) 701-9386
등 록 | 1977년 4월 28일 · 제1-421호

ISBN 978-89-426-0592-7 93370

값 15,000원